MONTAIGNE.

SES VOYAGES
AUX EAUX MINÉRALES

EN 1580 ET 1581 ;

PAR

Constantin JAMES,

Ancien collaborateur de Magendie,
chevalier de la Légion d'honneur et des ordres de Frédérick du Wurtemberg,
des S. S. Maurice et Lazare de Sardaigne, de François Ier des Deux-Siciles,
du Christ du Portugal, d'Adolphe de Nassau ;
membre des Académies ou Sociétés de médecine de Turin, Milan,
Gênes, Florence, Naples, Messine, Dresde, Stockholm, etc.

EXTRAIT DE LA GAZETTE MÉDICALE DE PARIS.

PARIS, 1859.

Paris. — Imprimé par E. Thunot et Ce, rue Racine, 26.

MONTAIGNE.

SES VOYAGES AUX EAUX MINÉRALES

EN 1580 ET 1581.

Peu de personnes, je présume, ont eu l'occasion de lire le JOURNAL DU VOYAGE DE MICHEL DE MONTAIGNE EN ITALIE, PAR LA SUISSE ET L'ALLEMAGNE, EN 1580 ET 1581. J'avoue que, pour mon compte, j'en connaissais à peine le titre. Aussi ne fus-je pas médiocrement surpris lorsque, l'été dernier, le hasard ayant fait tomber cet ouvrage entre mes mains, je reconnus que Montaigne avait précisément exécuté le voyage que j'allais entreprendre, et que son principal but aussi avait été de visiter les eaux minérales du nord de l'Italie. On se demandera sans doute d'où put lui venir cette passion pour les eaux, car non-seulement il n'était point médecin, mais, de plus, il professait pour notre art le plus souverain et le plus injurieux mépris. Écoutons-le nous raconter lui-même les motifs qui l'engagèrent à voyager : c'est un malade qui expose, non sans quelque aigreur, ses misères, ses déceptions et ses espérances.

« Je suis aux prises, dit-il dans ses Essais, avec la pire de toutes les maladies, la plus soubdaine, la plus douloureuse, la plus mortelle et la plus irrémédiable ; j'en ay desjà essayé cinq ou six bien longs accez et pénibles. Jusqu'à l'âge de 45 ans, j'avais vescu en une heureuse santé. Je vouldrais bien que, de plusieurs aultres présents que peut faire la libéralité des ans, ils en eussent choisi quelqu'un qui m'eust esté plus acceptable ; ils ne m'en eussent sceu faire que j'eusse eu plus en horreur, dez mon enfance. Il est à croire que je doibs à mon père cette qualité pierreuse, car il mourut à 74 ans, merveilleusement affligé d'une grosse pierre qu'il avait en la vessie. » Montaigne, tout en insistant sur cette hérédité, remarque que, de ses frères et sœurs, il est le seul qui ait été atteint de la gravelle ou, comme il l'appelle plus ordinairement, de la *colique*. Puis il continue : « Que les médecins excusent un peu ma liberté ; car, par cette mesme infusion et insinuation fatale, j'ai receu la haine et le mespris de leur doctrine ; cette antipathie que j'ay à leur art m'est héréditaire. Mes ancestres avaient la médecine à contre-cœur ; la veue mesme des drogues faisait horreur à mon père. Il peult estre que j'avais cette propension ; mais je l'ay appuyée et fortifiée par les discours qui m'en ont establi l'opinion que j'en ay. » Suit une longue tirade contre la médecine et les médecins. C'est un fou roulant d'épigrammes, de plaisanteries et d'anecdotes, ramassées sans choix tant chez les anciens que chez les modernes, brutales pour la plupart ou du moins saupoudrées d'un gros sel fort peu attique. Les diatribes de Molière sont presque des aménités à côté de celles-là. Mais le véritable grief de Montaigne, bien qu'il n'ose l'avouer, c'est que la médecine a été impuissante à le guérir.

S'il n'a pu se débarrasser de sa gravelle, ce n'est pas faute, pourtant, d'avoir essayé de bien des remèdes. Sa philosophie n'a rien de commun avec celle de Zénon, car, « encore bien qu'il se contente de gémir sans brailler, » il est loin de mépriser la douleur. Voyez plutôt dans quels termes il parle de la santé : « C'est une précieuse chose et la seule qui mérite à la vérité qu'on y employe, non le temps seulement, la sueur, la peine, les biens, mais encores la vie à sa poursuitte ; d'autant que, sans elle, la vie nous vient à estre pénible et injurieuse ; la volupté, la sagesse, la science et la vertu, sans elle, se ternissent et esvanouÿssent. » N'est-ce pas là un langage quelque peu singulier dans la bouche d'un philosophe ? Si donc Montaigne ne tente pas de nouveaux moyens, « ce n'est ni par dépit ni par gloriole, » c'est parce qu'il lui répugne d'admettre qu'un médicament dirigé contre un organe souffrant, puisse se rendre sans encombre à son adresse. « Les promesses de la médecine sont, dit-il, incroyables. Ils nous vont persuadant que, de leurs ingrédients, celluy-cy eschauffera l'estomach, cet aultre refreschira le foye ; l'un a sa charge d'aller droict aux reins, voire jusques à la vessie, sans estaler ailleurs ses opérations ; l'autre asséchera le cerveau ; celuy-là humectera le poulmon. De tout cet amas, ayant faict une mixtion de bruvage, n'est-ce pas quelque espèce de resverie d'espérer que ces vertus s'aillent divisant et triant de cette confusion et meslange, pour courir à charges si diverses ? Je craindrais infiniment qu'elles perdissent ou eschangeassent leurs étiquettes et troublassent leurs quartiers. » Pour qu'il consentît, malgré ses préventions, à essayer encore de quelques remèdes, il lui faudrait un médecin *spécialiste*. Les spécialités en médecine sont donc loin d'être d'invention moderne! Elles le sont si peu, qu'au dire de Montaigne, elles étaient déjà en très-grande faveur dans l'antique Égypte. Laissons-le parler lui-même : « Les Ægyptiens avaient raison de rejecter ce général mestier de médecin et de descouper cette profession; à chasque maladie, à chasque partie du corps, son œuvrier ; car cette partie en estait bien plus proprement et moins confusément traictée, de ce qu'on ne regardait qu'à elle *spécialement*. Les nostres ne s'advisent pas que, qui pourveoit à tout ne pourveoit à rien ; que la totale police de ce petit monde leur est indigestible, et que, pendant qu'ils craignent d'arrester le cours d'un dysentérique, pour ne luy causer la flebvre, ils me tueront un amy qui valait mieulx que tous tant qu'ils sont. » La morale de tout ceci, selon Montaigne, « c'est que les médecins bastelant et baguenaudant aux despens des malades, ceulx-ci, en ce trouble, doivent se laisser doulcement conduire à leur appétit et au conseil de nature, et se remettre à la fortune commune. »

Cependant il se ravise et, comme s'il trouvait lui-même ses conclusions un peu absolues, il consent à faire une exception en faveur des eaux minérales. Voici, à cet égard, sa curieuse profession de foi : « J'ay veu, dit-il, par occasion de mes voyages, quasi touts les bains fameux de chrestienté, et, depuis quelques années, ay commencé à m'en servir, car, en général, j'estime le baigner salubre. Encores que je n'y aye apperceu aulcun effect extraordinaire et miraculeux, ains que, m'en informant un peu plus curieusement qu'il ne se faict, j'ay trouvé mal fondez et fauls touts les bruits de telles opérations qui se sèment en ces lieux-là, et qui s'y croyent (comme le monde va se pipant aysceement de ce qu'il désire), toutesfois aussi n'ay-je veu gueres de personnes que ces eaux ayent empiré, et ne leur peult-on sans malice refuser cela qu'elles n'esveillent l'appetit, facilitent la digestion, et nous presient quelque nouvelle alaigresse, si on n'y va pas trop abattu de forces, ce que je desconseille de faire; elles ne sont pas pour relever une pesante ruyne; elles peuvent appuyer une inclination legiere, ou prouveoir à la menace de quelque altération. Qui n'y apporte assez d'alaigresse, pour pouvoir jouir à plaisir des compaignies qui s'y treuvent, et des promenades et exercices à quoy nous convie la beauté des lieux où sont communément assises ces eaux, il perd sans doubte la meilleure pièce et plus asseurée de leur effect (1). »

Rendons ici pleine justice à Montaigne, encore bien qu'à nous autres médecins il l'ait rendue si rarement. Certes il était impossible de juger avec plus de sagacité et de mesure qu'il ne l'a fait, la valeur réelle des eaux minérales. Comme lui j'ai visité, dans mes voyages, les bains les plus fameux, tant en France qu'à l'étranger, et, comme lui aussi, m'informant curieusement, j'ai trouvé que la plupart des vertus merveilleuses qu'on leur attribue ne reposent que sur de vagues rumeurs ou des affirmations mensongères. Sans doute, les eaux peuvent rendre et elles rendent réellement d'importants services au double point de vue de la thérapeutique et de l'hygiène; elles sont surtout éminemment propres à remonter les forces de l'organisme,

---

(1) Tous les passages guillemettés qui précèdent sont extraits des Essais.

mais, ainsi que le remarque très-judicieusement Montaigne, on ne doit pas attendre, pour y recourir, que la constitution ait été trop profondément détériorée, sans quoi elles échoueraient. Quant à ce qu'il dit de l'heureuse influence des sites, des promenades et de la société, il faut bien admettre avec lui que ce sont là quelquefois de puissants auxiliaires de la médication thermale, et qu'on ne saurait, sans injustice, leur refuser une certaine part dans les résultats.

Nous voilà suffisamment renseignés sur l'état de santé de Montaigne : il avait la gravelle ; et sur ses opinions relatives à la médecine : il ne croyait qu'aux eaux. Ouvrons maintenant son JOURNAL.

Le JOURNAL de Montaigne est la relation détaillée, étape par étape, de tout ce qui lui est arrivé chaque jour pendant les dix-sept mois qu'a duré sa tournée à diverses eaux minérales. En vain y chercheriez-vous un plan, de la méthode, du style; c'est moins un livre qu'un carnet de voyage où il a scrupuleusement consigné ce qui se rattache à lui personnellement et jusqu'aux plus petites particularités de son état tant physique que moral. Je doute fort que son intention ait été de le publier, tel du moins que nous l'avons aujourd'hui, il en eût eu parfaitement le temps, sa mort n'étant arrivée qu'en 1592, c'est-à-dire plus de dix années après son retour d'Italie : or rien ne prouve qu'il y ait jamais songé. Le manuscrit ne fut même découvert que cent quatre-vingts ans plus tard au fond d'un vieux bahut, puis livré à l'impression sans qu'on osât, par respect pour Montaigne, toucher à une syllabe du texte. De là le décousu de l'ouvrage écrit moitié en mauvais français, et moitié en plus mauvais italien, tantôt de la main de Montaigne, tantôt au contraire de celle d'un secrétaire illettré; de là aussi certains détails intimes dont un malade est quelquefois forcé d'entretenir son médecin, mais dont un auteur ne devrait jamais maculer sa plume. Je comprends à merveille que les gens du monde se soient très-médiocrement épris de semblables confidences, racontées le plus souvent en termes d'une révoltante crudité (1). J'avoue même bien franchement que j'ai senti plus d'une fois, en le lisant, le volume prêt à m'échapper des mains. Si donc, faisant taire mes

---

(1) Cette littérature cynique était, du reste, dans les goûts et dans les mœurs licencieuses de l'époque, témoins les œuvres beaucoup trop vantées de Brantôme et de Rabelais. Et qu'on ne dise pas que ce sont les termes qui ont vieilli. Quelques-uns, sans doute, ont été détournés, avec l'âge, de leur signification première, mais d'autres, par les objets ou les actes qu'ils désignent, n'auraient jamais dû se rencontrer sous une plume un peu décente. Montaigne le comprenait si bien lui-même qu'après une phrase de ses ESSAIS, encore plus ordurière que de coutume, il s'écrie gaillardement : « Il faut laisser aux femmes la vaine superstition des paroles. » Belle excuse! Comme si le respect de soi-même et des autres n'était qu'une affaire de pruderie.

scrupules, je viens en donner ici une analyse succincte, mais châtiée (1), c'est qu'il renferme de précieux renseignements qu'on chercherait vainement ailleurs, sur la manière dont on prenait les eaux il y a bientôt trois cents ans. C'est aussi qu'il nous fait connaître Montaigne, notre ennemi personnel quant à la violence et à la continuité de ses attaques, tel qu'il était réellement, et non tel qu'on est dans l'habitude de le juger d'après ses Essais. Or, combien de philosophes, surpris ainsi en déshabillé, sembleraient tout autres qu'ils ne paraissent dans leurs écrits, alors qu'avec une feinte bonhomie, ils se drapaient pour la postérité !

Ceci posé, reportons-nous par la pensée au 22 juin 1580. L'auteur des Essais (il en avait déjà publié les deux premiers livres) quitte son château de Montaigne, en Périgord, accompagné de plusieurs gentilshommes de ses amis, et s'achemine, tantôt en voiture, le plus souvent à cheval (2), dans la direction de Plombières. Il a 47 ans. Voilà deux ans seulement qu'il souffre de la gravelle, car, il nous l'a dit lui-même, c'est à 45 ans qu'il en a senti les premières atteintes. Après s'être arrêté quelque temps au siége de La Fère, formé par le maréchal Matignon, l'un des chefs de la Ligue, il arrive le 8 septembre à Épernay. « Là, dit-il, j'accostai, au sortir de l'église, M. Maldonat, jésuite duquel le nom est fort fameux à cause de son érudition en théologie et philosophie, et eûmes plusieurs propos de savoir ensemble lors et après dîner. » Le R. Père arrivait précisément de SPA. Voici ce qu'il apprit à Montaigne au sujet de ces eaux : « Ce sont, raconte-t-il, des eaux extrêmement froides, et on tenait là que les plus froides étaient les meilleures. Aucuns qui en boivent entrent en frisson et horreur ; mais bientôt après on se sent une grande chaleur à l'estomac. Il en avait remarqué la force par le mal qu'elles ne lui avaient pas fait, en ayant bu plusieurs fois tout suant et tout ému. Il a vu, par expérience, que grenouilles et autres petites bêtes qu'on y jette se meurent à l'instant, et ouï dire qu'un mouchoir qu'on mettra au-dessus de ladite eau se jaunira incontinent (3). » On en boit quinze jours

---

(1) Cette analyse sera *châtiée* en ce sens qu'il me faudra faire un choix parmi les citations que j'emprunterai au JOURNAL, et que, même pour les passages reproduits textuellement, je serai obligé d'en rectifier l'orthographe qui, par ses excentricités burlesques et parfois inintelligibles, indique que le secrétaire de Montaigne n'était autre que son valet de chambre.

(2) Montaigne aimait tout particulièrement l'exercice du cheval : « Je me tiens, dit-il, à cheval sans démonter, tout colliqueux que je suis et sans m'y ennuyer, huit à dix heures, *vires ultra sortemque senectæ.* » (ESSAIS, liv. 3.)

(3) Ce dernier détail est inexact. Un mouchoir ne jaunira qu'autant qu'il sera plongé dans l'eau minérale elle-même : il faudra, de plus, un certain temps pour que celle-ci laisse déposer une partie de son carbonate de fer. Du

où trois semaines pour le moins. C'est un lieu auquel on est très-bien accommodé et logé, propre contre toute obstruction ou gravelle. » Ces renseignements, surtout le dernier, auraient peut-être donné à Montaigne l'idée de se rendre à Spa; mais le père Maldonat ayant ajouté que « ni M. de Nevers ni lui n'en étaient revenus guère plus sains, » il n'en fut plus autrement question.

Montaigne continua son chemin par Châlons-sur-Marne, Bar, Donremy, Mirecourt, Épinay, récoltant en passant quelques anecdotes un peu grivoises. Ainsi c'est une jeune fille qui se fait passer pour homme, se marie, puis est pendue « pour inventions illicites à suppléer au défaut de son sexe. » C'est une autre qui, tout d'un coup, devient réellement homme en sautant un fossé, et dont une légende populaire raconte la subite métamorphose. Puis d'autres encore. Enfin, le 16 septembre, il arrive aux

BAINS DE PLOMBIÈRES. « Ce lieu, dit-il, est assis aux confins de Lorraine et de l'Allemagne, dans une fondrière, entre plusieurs collines hautes et coupées qui le serrent de tous côtés. Au fond de cette vallée naissent plusieurs sources, tant froides que chaudes; l'eau chaude n'a nulle senteur ni goût, et est chaude tout ce qui peut s'en souffrir au boire, de façon qu'on est contraint de la remuer de verre à autre. Il y en a deux seulement dont on boit, celle qui tourne le dos à l'orient et qui produit le bain qu'ils appellent le *Bain de la reine*, laisse en la bouche quelque goût doux comme de réglisse, avec je ne sais quoi de fer. L'autre qui sourd de la montagne opposite, a un peu plus d'âpreté et y peut-on découvrir la saveur de l'alun. » Je ne sais où Montaigne va chercher toutes ces particularités de saveur. Les deux sources qu'il désigne, les mêmes précisément dont on boit aujourd'hui, n'ont, il l'a dit lui-même en commençant, « nulle senteur ni goût. »

Voyons maintenant comment il s'exprime au sujet des bains : « Il y en a plusieurs, surtout un grand et principal, bâti en forme ovale, d'une ancienne structure. Il a trente-cinq pas de long et quinze de large. L'eau chaude sourd par le dessous, à plusieurs surgeons, et fait-on par le dessus écouler de l'eau froide pour modérer le bain, selon la volonté de ceux qui s'en servent. Les places y sont distribuées par les côtés avec des barres suspendues, à la manière de nos écuries, et jette-t-on des ais par dessus pour éviter le soleil et la pluie. Il y a, tout autour des bains, trois ou quatre degrés de marches de pierre, à la mode d'un théâtre, où ceux qui se baignent peuvent être assis ou appuyés. On y observe une particulière modestie, et il est indécent aux hommes de s'y mettre sans un petit brayet et aux femmes sans une chemise. »

---

reste, je ne puis que renvoyer à mon GUIDE PRATIQUE AUX EAUX MINÉRALES pour tout ce qui touche aux assertions de Montaigne non-seulement sur Spa, mais sur les autres Bains dont il va nous entretenir.

Depuis Montaigne la disposition des bains a bien changé. Ainsi le grand bain ovale (1) a complétement disparu, et sur son emplacement s'élève aujourd'hui le gracieux édifice appelé *Bain romain*. De même, hommes et femmes ne sont plus réunis pêle-mêle dans une commune enceinte ; chaque sexe occupe un compartiment séparé ; au lieu d'un petit braiet ou d'une simple chemise, tout baigneur est revêtu d'un long peignoir de laine ; enfin les malades qui le désirent ont leur cabinet à part.

« La façon du pays, continue Montaigne, c'est seulement de se baigner, et cela deux ou trois fois par jour. Aucuns prennent leur repas au bain, où ils se font communément ventouser et scarifier, et ne s'en servent qu'après s'être purgés. S'ils boivent, c'est un verre ou deux dans le bain. Ils trouvaient étrange ma façon d'agir, qui, sans médecine précédente, en buvais neuf verres, revenant environ à un pot, tous les matins à sept heures ; dînais à midi, et, les jours où je me baignais, qui étaient de deux jours l'un, sur les quatre heures, ne restais au bain qu'environ une heure : ce jour-là, je me passais volontiers de souper. Une saison dure pour le moins un mois. On préfère le printemps en mai et on n'y vient guère après le mois d'août, pour la fraîcheur du climat ; mais nous y trouvâmes encore de la compagnie, à cause que la sécheresse et les chaleurs étaient plus grandes et plus longues que de coutume. » La manière actuelle de prendre les eaux de Plombières se rapproche beaucoup, à quelques particularités près, de celle qu'avait adoptée Montaigne. Il est à regretter qu'il ne nous donne pas de détails sur les maladies qu'on traitait alors à ces eaux. Il se contente de dire « qu'il y vit des hommes guéris d'ulcères et de rougeurs du corps. » Le seul fait un peu circonstancié dont il parle est relatif à un gentilhomme chez lequel tout un côté de la barbe et du sourcil était subitement devenu blanc, par le fait d'une vive émotion, tandis que le côté opposé avait continué d'être du plus beau noir. De pareils changements de coloration ne sont pas très-rares (2), seule-

---

(1) Ce bain, qui n'était autre qu'une ancienne piscine romaine, avait déjà subi de fortes réductions à l'époque où Montaigne vint à Plombières. Ainsi dans la description donnée par Camerarius, une demi-siècle auparavant, on voit qu'il mesurait alors environ quatre cents pas de circonférence :

Quem circum paries datus coercet,
Passus qui bis habet fere ducentos.

(2) Mézerai rapporte que « Ludovic Sforce surnommé *le More*, ayant été fait prisonnier par Louis XII, fut saisi d'une telle frayeur, que, la nuit qui devait précéder son supplice, son poil qui était fort noir devint tout blanc, de telle sorte que le lendemain ses gardes s'imaginèrent que c'était un autre homme. » Et, sans aller chercher nos exemples si loin, qui ne sait que les cheveux de l'infortunée Marie-Antoinette blanchirent de même en une nuit?

ment j'ignorais que les eaux minérales pussent y porter remède. Qu'avait-on promis à ce gentilhomme impressionnable en l'envoyant à Plombières? Que le côté noir deviendrait blanc ou que le côté blanc reprendrait sa teinte noire? C'est ce que Montaigne ne nous dit pas. Il est de même très-sobre de renseignements pour ce qui le touche personnellement. Nous savons seulement « que sa cure fut de onze jours, pendant lesquels il but neuf verres huit jours, et sept verres trois jours, et se baigna cinq fois. Il trouva l'eau aisée à boire, et le bain d'une très-douce température. L'appétit, il l'eut bon; le sommeil, le ventre, rien de son état ordinaire n'empira. Le sixième jour, il eut la colique très-véhémente, et, après quatre heures de souffrances aiguës, rendit deux petites pierres, puis du sable. »

Montaigne se louait beaucoup de son séjour à Plombières. « Nous logeâmes, dit-il, à l'Ange, qui est le meilleur hôtel, d'autant qu'il répond aux deux bains. Tout le logis, où il y avait plusieurs chambres, ne coûtait que quinze sols par jour; la nourriture des chevaux sept sols. (Quelle différence aujourd'hui dans les tarifs!) Toute autre sorte de dépense à bonne et pareille raison. Les hôtes fournissent partout du bois; mais le pays en est si plein qu'il ne coûte qu'à couper. Le vin et le pain y sont mauvais. C'est une bonne nation, libre, sensée, officieuse (1). Tous les ans, ils rafraîchissent dans un tableau au-devant des grands bains, en langage allemand et en langage français, les lois ci-dessous écrites. » Ici Montaigne reproduit tout au long le règlement relatif à la police des bains; j'en citerai seulement les articles les plus curieux :

» Inhibition est faite à toutes filles prostituées et impudiques d'entrer aux dits beings ny d'en approcher de cinq cens pas, à peine du fouet aux quatre carres des dits beings. Et sur les hostes qui les auront receues ou recelées, d'emprisonnement de leurs personnes et d'amande arbitraire.

» Sous mesme peinne est défendu à tous user envers les dames, damoiselles et autres fames et filles, estans aux dits beings, d'aucuns propos lascifs et impudiques, faire aucuns attouchements deshonnestes, entrer ni sortir des dits beings irrévéremment contre l'honnesteté publique. »

---

(1) Camérarius la juge tout autrement. C'est d'elle qu'il dit dans son poëme sur Plombières :

Nam gens illa hominum est inhospitalis,
Stulte religiosa, iners, inepta.

Pourquoi tant d'injures? C'est que Camérarius, grand ami de Mélanchthon et l'un des rédacteurs de la CONFESSION D'AUGSBOURG, avait été très-mal accueilli en Lorraine quand il vint y faire de la propagande réformiste. Il n'eût point trouvé cette nation *inhospitalière, sottement fanatique, inerte et inepte,* comme il l'appelle, si, reniant la religion de ses pères, elle eût accepté le schisme qu'il prêchait et rompu avec Rome.

Ce sont là des prescriptions fort sages que les réformes opérées à Plombières rendraient aujourd'hui superflues, mais dont quelques autres bains devraient faire leur profit. Baden-Baden, par exemple, pourrait s'appliquer ce qui concerne les filles impudiques, et Loëche ce qui a trait à la décence du maintien dans les piscines.

Il est un autre article, maintenant encore en vigueur non-seulement à Plombières, mais dans tous les établissements bien tenus où existe l'usage du bain en commun. En voici le texte dans toute sa naïveté. « Et par ce que, par le bénéfice des dits beings, Dieu et nature nous procurent plusieurs guérisons et soulagements, et qu'il est requis une honneste mundicité et pureté, pour obvier à plusieurs contagions et infections qui s'y pourraient engendrer; est ordonné expressément au mestre des dits beings, prendre soigneuse garde et visiter les corps de ceux qui y entreront, tant de jour que de nuit, sans bruit, scandal ny dérision. Que si aucun personnage ne lui est à ce faire obéissant, il en fasse promptement délation au magistrat pour en faire punition exemplairement. »

Vient un dernier article par lequel « Il est prohibé et défendu à toutes personnes arrivant de lieux contagieux, de se présenter ny approcher de ce lieu de Plombières, à peine de la vie, enjoignant bien expressémant aux mayeurs et gens de justice d'y prendre soigneusement garde. » Quels étaient ces lieux contagieux dont les arrivants étaient frappés d'une pénalité si terrible? Le règlement ne les nomme pas, et il n'avait pas besoin de les nommer, car la rumeur publique les désignait suffisamment. On sait, en effet, que la fin du seizième siècle fut ravagée, en beaucoup d'endroits, par les plus meurtrières épidémies. En 1580, l'année précisément où Montaigne se trouvait à Plombières, la peste fit périr, à Paris seulement, plus de 40,000 personnes. Il n'y a donc rien d'étonnant à ce que, surtout à une époque où les idées de contagion étaient universellement acceptées, on ait pris les mesures les plus sévères pour prévenir l'importation du fléau.

Montaigne quitta Plombières le 27 septembre. Mais, avant de partir, il eut grand soin de laisser « un écusson de ses armes en bois, qu'un peintre dudit lieu fit pour un écu, et le fit l'hôtesse curieusement attacher à la muraille par le dehors. » Voilà de ces petits traits de vanité dont Montaigne ne se vante pas dans ses Essais, et dont peut-être il se fût fort égayé s'il s'était agi d'un autre que lui-même.

De Plombières Montaigne se rend en Suisse aux eaux de Bade, en passant par Remiremont, Mulhouse et Bâle. A Bâle, il va faire visite à Felix Platerus « médecin très-savant, lequel a dressé un livre de simples qui est déjà fort avancé, et, au lieu que les autres font peindre les herbes selon leurs couleurs, lui a trouvé l'art de les coller toutes naturelles si proprement sur le papier, que les moindres feuilles et fibres y apparaissent comme elles sont, et il feuillette son livre sans que rien en échappe. On voit aussi chez lui et en l'école publique des anatomies entières d'hommes morts qui se tiennent. » C'étaient probablement des squelettes articulés. Ce médecin a écrit en effet plusieurs ouvrages d'anatomie, mais je ne connais de lui aucun traité de botanique.

Montaigne, qui recherchait volontiers les émotions, profita de son séjour à Bâle « pour aller voir tailler le petit enfant d'un pauvre homme pour la rupture (*hernia étranglée*), qui fut traité bien rudement par le chirurgien. » Il fut également rendre visite au célèbre jurisconsulte, François Hotman, que ses écoliers avaient sauvé à Bourges du massacre de la Saint-Barthélemy ; puis il partit pour Bade où il arriva le 2 octobre.

BAINS DE BADE. — « Ces bains, dit-il, dont l'usage est si ancien que Tacite en fait déjà mention (1), sont assis en un vallon commandé par de hautes montagnes, pour la plupart fertiles et cultivées. Nous ne logeâmes pas à la ville, mais au bourg qui est tout au bas, le long d'une rivière ou plutôt d'un torrent appelé la Limmat, qui vient du lac de Zurich. Il y a deux ou trois bains publics découverts dont il n'y a que de pauvres gens qui se servent. Les autres, en plus grand nombre, sont enclos dans les maisons et les divise-t-on en plusieurs petites cellules particulières qu'on loue avec les chambres. Les logis très-magnifiques ; qui aura à conduire des dames qui se veuillent baigner avec respect et délicatesse, il les peut mener là, car elles sont seules au bain qui semble un très-riche cabinet, clair, vitré tout autour, revêtu de lambris peints et planchéié très-proprement ; dans tous, des siéges ou de petites tables pour lire ou jouer, si on veut, dans le bain. Celui qui se baigne vide et reçoit autant d'eau qu'il lui plaît, et a-t-on les chambres voisines chacune de son bain, les promenoirs beaux le long de la rivière, outre les avantages de plusieurs galeries. » Il est impossible de faire un plus complet éloge d'une résidence thermale ; ajoutons que cet éloge est, aujourd'hui encore, parfaitement mérité. Et cependant, par suite d'une regrettable homonymie et des abus de la réclame, quand il est question de Bade, on désigne bien moins la ville suisse que la ville allemande du duché de ce nom.

« L'eau des bains, continue Montaigne, exhale une odeur de soufre à la mode des Eaux-Chaudes et autres. La chaleur en est modérée, ce qui rend le bain fort doux et plaisant. L'eau à boire est un peu fade et molle, comme une eau battue, et, quant au goût, elle sent le soufre ; elle a, de plus, je ne sais quelle piqûre de salure. Moins nette que les autres eaux que j'ai vues ailleurs, elle charrie, en la puisant, certaines petites filandres fort menues. » Tout cela est fort exact. Les eaux de Bade, en effet, sont des eaux sulfureuses, d'une chaleur moyenne, douces au toucher, d'une saveur fade et franchement hépatique, tenant en suspension de petits filaments qui ne sont autres que des flocons de barégine. Montaigne ajoute : « L'eau n'a point ces petites

---

(1) *Locus antœno salubrium aquarum usu frequens.* (ANNALES, liv. J.)

étincelures qu'on voit briller dans les autres eaux soufrées quand on les reçoit dans un verre, et, comme le dit le P. Maldonat, qu'ont celles de Spa. » Ici Montaigne fait confusion. Les petites étincelures ou bulles dont il parle, et qui sont formées par le dégagement du gaz acide carbonique, appartiennent aux eaux gazeuses, et non aux eaux soufrées. Spa en contient, parce que Spa est une eau gazeuse.

Montaigne, bien qu'il s'y trouvât à merveille, ne resta que cinq jours à Bade. Est-ce parce que « l'usage était qu'on y demeurât six à sept semaines? » Je le croirais presque, tant il met d'affectation à répéter sans cesse qu'il fait tout l'opposé de ce que font les autres. Ainsi, il a grand soin de nous dire que « ceux qui boivent de cette eau à leur coutume, c'est un verre ou deux pour le plus, tandis que lui, tous les matins, en boit de huit à dix verres, représentant une grosse chopine. » De même, « ceux du pays sont tout le long du jour dans le bain; lui, au contraire, n'y reste qu'une demi-heure : ils ne sont plongés dans l'eau que jusqu'aux reins ; lui s'y tient engagé jusqu'au cou ; enfin ils se font cornéter (1) et saigner si fort qu'il a vu les deux bains publics qui semblaient être de pur sang ; lui, et ici je ne saurais l'en blâmer, s'abstient de ces pratiques. » Quoi qu'il en soit, il ne paraît pas que les eaux de Bade lui aient fait éprouver aucun effet appréciable, ce qui s'explique par le peu de temps qu'il y resta.

Au moment de quitter ces eaux, il revient encore sur « l'aisance et la commodité du lieu et du logis, qu'il ne saurait trop louer. » Il trouve, il est vrai, que « l'exaction du payement est un peu tyrannique, et que, les comptes réglés, on y ajoute quelques friponneries. » Mais il en prend philosophiquement son parti en pensant « qu'il en est de même en toutes nations, et notamment en la nôtre, envers les étrangers. »

Montaigne signale une coutume qui, heureusement, n'existe plus à Bade, bien qu'on la retrouve encore dans quelques villes de l'Allemagne. « Il y a toutes les nuits, dit-il, des sentinelles qui rôdent autour des maisons, non tant pour se garder des ennemis que de peur du feu ou autre remuement. Quand les heures sonnent, l'un d'eux est tenu de crier à haute voix et pleine tête à l'autre, et lui demander quelle heure il est ; à quoi l'autre répond de même voix nouvelles de l'heure, et ajoute qu'il fasse bon guet. » La première fois que j'entendis ces crieurs, je devrais dire ces *hurleurs* de nuit, c'était à Salzbourg, et j'avoue que, ne comprenant rien à leur affreux idiome, j'étais loin de me douter qu'ils ne me réveillaient en sursaut à tout instant que pour m'engager à dormir bien tranquille.

---

(1) Aujourd'hui encore on applique, le plus ordinairement, les ventouses à Bade au moyen de *cornes* de verre dans lesquelles on opère le vide en aspirant fortement l'air avec les lèvres.

Le 7 octobre, Montaigne quitta Bade, se dirigeant vers Schaffouse, où il arriva dans la soirée. Voici dans quels termes il parle de la fameuse *chute du Rhin* : « C'est au-dessous de Schaffouse que le Rhin rencontre un fond plein de rochers où il se rompt, et là trouve une pente d'environ deux piques de haut où il fait un grand saut, écumant et bruyant étrangement. Cela arrête le cours des bateaux et interrompt la navigation de ladite rivière. » On a beaucoup reproché à Montaigne le laconisme de sa description. Eh bien ! dussé-je encourir à mon tour le même reproche, je confesserai volontiers que cette prétendue merveille m'a très-médiocrement impressionné.

De Schaffouse, Montaigne se rendit à Augsbourg, en passant par Constance, Landau, Kempten et Landsberg. Ce qui, à part quelques incidents de peu d'intérêt (1), parut le plus l'impressionner en Allemagne, c'était l'excellence de la cuisine. « Ils nous ont présenté, dit-il, des potages faits de coings, d'autres de pommes cuites taillées en rouelle sur la soupe et des salades de choux cabus (choucroûte). Ils font aussi des brouets, sans pain, de diverses sortes, comme de riz, où chacun pêche en commun. Ils mêlent des pommes cuites, des tartes de poires et de pommes au service de la viande, et mettent tantôt le rôti le premier et le potage à la fin ; tantôt au rebours. Ils ont du cumin ou du grain semblable qui est piquant et chaud, qu'ils mêlent à leur pain, et leur pain est la plupart fait avec du fenouil. » Voilà bien, hélas ! la cuisine allemande, telle qu'elle est encore de nos jours. Montaigne trouvait tout cela si exquis que ce qu'il regrettait le plus, « c'était de ne pas avoir mené un cuisinier, pour l'instruire de leurs façons et en pouvoir, au retour, faire voir la preuve chez lui. » J'aurais compris, en effet, qu'il se fût fait accompagner de son cuisinier, mais pour un tout autre motif. Quant à ses regrets de ne pouvoir mettre ses convives du Périgord en demeure de se prononcer sur les mérites d'une pareille cuisine, je doute fort qu'ils eussent été de son avis.

Arrivé à Augsbourg avec M. d'Estissac, on les prend l'un et l'autre pour des ducs. Or comme c'était l'usage de proportionner le cérémonial de réception à l'importance des personnages, « les bourgmestres leur envoyèrent présenter quatorze grands vaisseaux pleins de vin, qui leur furent offerts par sept sergents vêtus de livrées. » Vous croyez peut-être que Montaigne va les avertir de leur méprise ? Loin de là, il nous apprend lui-même « qu'il défendit qu'on dît leurs conditions, et se promena seul tout le long du jour par la

---

(1) En voici un cependant qui mérite d'être mentionné : Une contestation s'étant élevée, à Constance, entre Montaigne et son guide, l'affaire fut portée devant le prévôt du lieu, lequel déclara que les gens de Montaigne ne pourraient déposer en justice en faveur de leur maître ; toutefois, il ajouta que, si Montaigne voulait leur donner congé, leur déposition serait entendue, libre ensuite à lui de les reprendre immédiatement après à son service. Je trouve, comme Montaigne, que « c'est là une bien remarquable subtilité. »

ville ; il croit que cela servit à les faire honorer davantage. » Ce sont là de ces exploits de comédie dont nous rirons volontiers dans le Nouveau seigneur, mais à la condition que Frontin, et non un philosophe, en sera le héros. Montaigne resta quatre jours à Augsbourg, se prélassant dans les honneurs et privilèges de son titre de contrebande. Comme il ne perdait jamais de vue les eaux minérales, il se renseigna sur celles de Sourbronne (ou plutôt Sauerbrunnen), qui n'étaient distantes que d'une journée. « C'est, dit-il, un bain en plat pays, d'eau fraîche qu'on échauffe pour s'en servir à boire ou à baigner; elle a quelque piqûre agréable au goût, propre aux maux de tête et à l'estomac ; un bain fameux où on est très-magnifiquement logé, comme à Bade en Suisse, à ce qu'on raconte (1). » Mais la saison était trop avancée pour qu'il pût aller en essayer. Ce fut chose regrettable, car les eaux alcalino-gazeuses de Sauerbrunnen, par leur action fondante et diurétique, auraient mieux convenu pour sa gravelle que celles de Plombières et de Bade, qu'il venait de prendre. Montaigne quitta Augsbourg le 19 octobre. Seulement un duc ne pouvait partir comme un simple gentilhomme. Aussi nous apprend-il « qu'il laissa, au devant de la porte de la maison où il était logé, un écusson de ses armes qui était fort bien peint, et lui coûta deux écus au peintre et vingt sols au menuisier pour le cadre. » A la bonne heure. C'est noblement s'exécuter. Le prix du cartel est sans doute un peu plus élevé qu'à Plombières, mais les circonstances l'exigeaient, et d'ailleurs combien l'effet dut en être plus imposant !

Montaigne, au sortir d'Augsbourg, gagna Munich, dont il ne nous dit que peu de mots; puis il pénétra dans le Tyrol où il fut très-agréablement surpris de voir qu'on l'avait faussement renseigné sur les prétendues difficultés de la route. Il remarque, à ce sujet, « qu'il s'était toute sa vie méfié du jugement d'autrui sur le discours des commodités des pays étrangers ; chacun ne sachant goûter que selon l'ordonnance de sa coutume et de l'usage de son village, il avait fait fort peu d'état des avertissements que les voyageurs lui donnaient. » Ce qui ne l'empêcha pas de regretter « qu'avant faire le voyage, il n'avait vu les livres qui le pouvaient avertir des choses rares et remarquables de chaque lieu, ou n'avait un Munster (2) ou quelque autre dans ses coffres. » Je comprends parfaitement l'embarras de Montaigne. Un Guide, en

---

(1) La source de Sauerbrunn jaillit à Gœpingen, petite ville située entre Ulm et Stuttgard, à égale distance à peu près de ces deux villes. C'est une eau gazeuse froide, que minéralisent faiblement les bicarbonates de soude, de chaux et de magnésie. Très en vogue pendant tout le seizième siècle, elle est presque entièrement négligée aujourd'hui, sauf pour l'exportation.

(2) C'est-à-dire la cosmographie de Munster, surnommé le Strabon de l'Allemagne. Nous dirions aujourd'hui un *Joanne* ou un *du Pays*.

effet, est le *vade-mecum* indispensable de tout voyageur en pays étranger ; toutefois, son rôle devrait être de donner des indications et non de dicter des jugements. Montaigne compare ingénieusement le Tyrol à une robe « qu'on ne voit que plissée, à cause des accidents de terrain, mais qui, déployée, représenterait une large et splendide surface. » Les villes l'intéressaient médiocrement ; il les juge surtout un peu à vol d'oiseau. Ainsi, par exemple, Inspruck lui rappelle Bordeaux, Hall Libourne, Botzen Agen ; à cela se bornent à peu près les renseignements topographiques qu'il nous en donne. En revanche, la vue si pittoresque des montagnes, l'air pur et libre qu'on y respire, l'accueil si plein de bonhomie qu'on y reçoit, sont pour lui l'occasion des plus doux épanchements. « Si, dit-il, j'avais à promener ma fille qui n'a que huit ans, je l'aimerais autant en ce lieu qu'en une allée de mon jardin. » Aussi, au moment de quitter l'Allemagne, écrit-il à François Hotman, une de ses connaissances de voyage, « qu'il avait pris un si grand plaisir à la visitation de cette contrée, qu'il l'abandonnait à grand regret, quoique ce fût en Italie qu'il allât. Tout lui avait semblé plein de commodité et de courtoisie, et surtout de justice et de sûreté. »

Trente, où il arrive le 29 octobre, est sa première étape en Italie. Défions-nous désormais un peu de ses jugements, car je crains bien qu'ils ne se sentent de la fâcheuse disposition d'esprit où il se trouve. En effet, il déclare tout d'abord que les villes italiennes n'ont pas du tout ce bon aspect des villes allemandes ; les rues en sont plus étroites et les logis n'y offrent pas la même netteté ; il y a, au lieu de poêles, des cheminées qui sont loin de les valoir ; les lits sont dépourvus de ces moelleux édredons, à la futaine si blanche ; c'est la première fois, depuis Plombières, dans un trajet de près de deux cents lieues, que les écrevisses lui manquent : il y a bien des escargots, mais ils sont petits et maigres. Les truffes seules trouvent grâce devant lui, et encore en quels termes! « Ils mangent, dit-il, des truffes qu'ils pèlent et puis les mettent par petites lèches à l'huile et au vinaigre, qui ne sont pas mauvaises. » *Qui ne sont pas mauvaises :* voilà tout le grand éloge qu'il en fait. Enfin, il clôt dignement ce parallèle par cette dernière boutade que, « s'il eût été seul avec ses gens, il eût été plutôt à Cracovie ou vers la Grèce par terre, que de prendre le tour en Italie. » Heureusement nous verrons peu à peu son ton se radoucir et ses jugements devenir plus équitables.

Et d'abord, de quel côté dirigera-t-il ses pas ? Ce ne sera ni vers Rome, ni vers Ferrare, ni vers Florence. « Ces villes, dit-il, sont trop connues d'un chacun, et il n'est pas laquais qui ne puisse en dire nouvelles. » Il se décide pour Venise.

Au sortir de Trente, dont il a été voir la salle du fameux concile, il visite successivement Roveredo, où il s'arrête à peine, le lac de Garde qui le frappe surtout par son immense étendue, Vérone dont les arènes lui paraissent le plus beau bâtiment qu'il ait vu de sa vie, Vicence où il renouvelle ses provisions de parfumerie dans un monastère (1), puis Padoue dont il admire plus particulièrement l'église Saint-Antoine. De Padoue il se rend au petit port de Chaffousine, sur l'Adriatique, d'où une gondole le conduit à Venise.

« Cette cité fameuse, qu'il avait une faim extrême de voir, lui parut autre qu'il ne l'avait imaginée, et un peu moins admirable. » Telle a été aussi mon impression. Fidèle, du reste, à son système de ne point s'étendre sur les raretés que tout le monde connaît, il mentionne à peine la Police, l'Arsenal et la place Saint-Marc. Il parle plus volontiers des courtisanes, auxquelles il ne trouve pas cette beauté extraordinaire qu'on leur attribue, « encore bien, dit-il, qu'il vit les plus nobles de celles qui en font trafic, comme de cent cinquante environ, faisant une dépense en meubles et vêtements de princesses. » Ce qui l'étonne le plus, c'est que « plusieurs grands personnages de la ville ont ces courtisanes à leurs dépens, au vu et su de tout le monde. » Il n'est malheureusement pas besoin aujourd'hui de passer les Alpes pour être témoin de pareils scandales.

Montaigne ne resta que six jours à Venise. De là il revint à Padoue, d'où il partit le 13 novembre pour aller, dans le voisinage, visiter les bains d'Abano, de San-Pietro et de Battaglia : ce sont ces bains que les Romains appelaient *thermes Euganés*. Suivons-le dans cette excursion, et voyons ce qui l'aura le plus frappé.

BAINS D'ABANO. — « Abano, dit-il, est un petit village, près du pied des montagnes, au-dessus duquel, à trois ou quatre cents pas, il y a un lieu un peu soulevé où se trouvent plusieurs fontaines chaudes et bouillantes qui sortent du rocher. Elles sont trop chaudes autour des surjons pour s'y baigner et encore plus pour en boire. La trace autour de leur cours est toute grise, comme de la cendre brûlée. Elles laissent force sédiments qui sont en forme d'éponges dures. Le goût en est un peu salé et soufreux. Toute la contrée est enfumée, car les ruisseaux qui coulent par-ci par-là dans la plaine répandent au loin cette chaleur et la senteur. Il y a là deux ou trois maisonnettes assez mal accommodées pour les malades, dans lesquelles on dérive de ces eaux pour en faire des bains. Non-seulement il y a de la fumée où est l'eau, mais le rocher même fume par toutes ses crevasses et jointures, et rend chaleur partout, en manière qu'ils ont percé aucuns endroits où un homme se peut coucher, et de cette exhalation se mettre en sueur : ce qui se fait soudainement. Cette eau, mise dans la bouche, après qu'elle s'est re-

---

(1) Aujourd'hui, comme du temps de Montaigne, l'art de distiller les plantes et de composer des pommades, des essences et des parfums, est encore cultivé avec le plus grand succès dans certains monastères d'Italie. Quel voyageur, par exemple, n'a été faire quelque emplette de ce genre à l'excellente officine de S. M. Novella de Florence ?

2

posée pour perdre sa chaleur excessive, donne un goût plus salé qu'autre chose. » Ces observations, bien que recueillies un peu à la hâte, puisque Montaigne faisait une simple tournée à cheval, sont cependant exactes. Ainsi le sol d'Abano est un sol essentiellement volcanique; de ses nombreuses fissures s'échappent des vapeurs formant des étuves naturelles; les sources minérales ont une température voisine de l'ébullition (86 degrés centigr.); leur saveur, d'accord avec leur composition, est sulfureuse et saline; enfin elles déposent sur tout leur parcours des résidus calcaires. Seulement je m'étonne que Montaigne ne parle pas d'un fait fort singulier, déjà noté par Pline, à savoir, que certaines plantes et même certains animaux (1) vivent, sans en être incommodés, au sein de ces sources brûlantes; c'est pourtant la première chose qu'on montre à tout visiteur. Montaigne ne dit rien non plus d'un fort pittoresque moulin à blé dont la roue est mise en jeu par l'eau de la principale source, laquelle eau, au moment de sa chute, conserve encore près de 80 degrés de chaleur; il est probable alors que ce moulin n'existait pas de son temps. La source qui sert ainsi de moteur est tellement abondante que son excédant suffit pour alimenter l'hôpital et les huit établissements thermaux d'Abano.

BAINS DE SAN-PIETRO. « Au sortir d'Abano, continue Montaigne, nous passâmes à un lieu nommé San-Pietro. C'est un pays de prairies et pacages qui est de même tout enfumé, en divers lieux, de ces eaux chaudes, les unes brûlantes et les autres tièdes, le goût un peu plus mort et mousse que les autres, mais de senteur de soufre quasi point du tout; peu de salure. Nous y trouvâmes quelques traces d'antiques bâtiments. Ces bains rappellent ceux de Dax. » Le peu de mots que Montaigne nous dit de ces bains en donne suffisamment l'idée. Ce sont, en effet, des eaux de second ordre, un peu moins chaudes et un peu moins minéralisées que celles d'Abano. Même mode d'emploi. Montaigne les compare avec assez de justesse aux eaux de Dax (Landes), lesquelles appartiennent à la classe des eaux chlorurées sodiques.

BAINS DE BATTAGLIA. — Montaigne, qui était venu coucher à Battaglia, visita le lendemain, avec quelques détails, les sources et la maison des bains. Il remarque à ce sujet que toutes les eaux minérales de cette contrée se ressemblent; et, en effet, elles doivent émaner toutes d'un même foyer souterrain. Voici ce qu'il dit de particulier à Battaglia : « Le principal usage est la fange (fango, boue). Elle se prend dans un grand bassin qui est au-dessous de la maison, à découvert, avec un instrument de quoi on la puise pour la por-

---

(1) Le professeur Joseph Meneghini a publié la flore de ces sources. Quant aux animaux qui, véritables salamandres, vivent dans le même milieu, ce sont surtout de petites grenouilles (*argyronauta aquaticæ*) et de petits escargots (*paludina thermalis*).

ter au logis qui est tout voisin. Là ils ont plusieurs instruments de bois propres aux jambes, aux bras, cuisses et autres parties, pour y coucher et enfermer lesdits membres, ayant rempli ce vaisseau de bois tout de cette fange, laquelle on renouvelle selon le besoin. Cette boue est noire comme celle de Barbotan, mais non si granuleuse, plus grasse, chaude d'une moyenne chaleur; d'odeur quasi point. » Même disposition aujourd'hui. Ce résidu des sources dont l'emploi était connu des anciens (*Utuntur et cœno fontium utiliter*, dit Pline), constitue encore la principale médication non-seulement de Battaglia, mais des autres thermes Euganés.

Montaigne fut très-peu charmé de ce qu'il vit dans sa tournée. « Tous ces bains-là, dit-il, n'ont pas grande commodité, si ce n'est le voisinage de Venise; tout y est grossier et maussade, et ne serais d'avis d'y envoyer mes amis. » J'y enverrais les miens volontiers. Sans doute ces bains sont loin d'être ce qu'ils étaient du temps des Romains, alors qu'ils rivalisaient avec ceux de Baïa (1), maintenant déchus comme eux, et que la foule y accourait de toutes parts, soit pour se baigner dans de somptueuses piscines, soit pour consulter l'oracle d'Aponum (2); mais enfin, j'y ai rencontré encore une élégante clientèle. D'ailleurs, indépendamment de l'efficacité très-réelle des eaux et des boues, où trouver un ciel plus pur, une végétation plus riche, un air plus salubre? C'est ici que Martial, séduit par la beauté des sites, aurait voulu pouvoir abriter et reposer ses vieux jours :

Vos eritis nostræ portus requiesve senectæ,
Si juris fuerint otia nostra sui.

Plus heureux que le poëte latin, Pétrarque vint terminer, près de Battaglia, dans le calme et dans le silence de la retraite, les dernières années d'une vie si pleine d'agitations et de gloire. C'est au petit village d'Arqua qu'on montre son tombeau. Il ne pouvait reposer plus dignement que dans la patrie qui vit naître Tite-Live, Asconius Pedianus, Arunzio Stella, Valerius Flaccus et d'autres hommes également illustres parmi les modernes.

Montaigne, après Padoue, se rendit à Ferrare, où il ne resta que vingt-quatre heures. « Nous allâmes, dit-il, M. d'Estissac et moi, baiser les mains au duc. Ayant connu notre dessein, il avait envoyé un seigneur de sa cour

---

(1)   *Exultent Apono Veneti, Campania Baiis.*
(CLAUDIEN.)

(2) L'oracle d'Aponum (Abano) n'était pas moins célèbre que celui de Cumes. C'est cet oracle dont parle Lucain :

Euganeo (si vera fides memorantibus) augur
Colle sedens : Aponus terris ubi fumiger exit,

lequel se serait écrié, au plus fort de la lutte entre César et Pompée, dans les champs de Pharsale : *Vincis, Cæsar.*

pour nous recueillir et mener à son cabinet. Nous le trouvâmes debout, devant une table, qui nous attendait. Il ôta son bonnet quand nous entrâmes, *et se tint toujours découvert tant que je lui parlai, ce qui fut assez longtemps.*
Ce duc si révérencieux pour Montaigne était Alphonse II, dont la sœur, la belle Léonore, est surtout connue pour la passion qu'elle inspira au Tasse, comme autrefois Julie à Ovide, passion qui fut également fatale aux deux poètes. Or précisément à l'époque où Montaigne vint à Ferrare, le Tasse, victime du ressentiment du prince, y était détenu dans une maison de fous (1). J'aurais cru que Montaigne nous aurait donné quelques détails sur sa visite au malheureux prisonnier, visite que la gravure a popularisée en jetant sur la physionomie et le maintien des deux personnages une teinte mélancolique et touchante. Chose singulière! il n'y fait pas la moindre allusion dans son JOURNAL; rien même ne porte à penser qu'il ait su que le Tasse se trouvait en même temps que lui à Ferrare : d'où je serais tenté de conclure que leur fameuse entrevue n'est, comme tant d'autres anecdotes du même genre, qu'une pure invention.

De Ferrare Montaigne gagna Bologne, d'où il se dirigea vers Florence par les Apennins, que, vu l'état avancé de la saison (novembre), il ne fit que traverser. Il regretta plus tard de ne pas avoir fait un petit détour pour aller voir le volcan de Pietra Mala, dont le sommet, quand le temps est sombre et orageux, vomit des flammes pendant la nuit, « et disait le guide que, dans les grandes secousses, il s'en regorge parfois de petites pièces de monnaie qui ont quelque figure. » Ces guides sont bien toujours les mêmes. Du moment que vous manquez de visiter une chose, soyez sûr que c'est précisément celle-là qui est la plus extraordinaire. Aujourd'hui les voyageurs qui suivent la même route que Montaigne peuvent être témoins de phénomènes ignés naturels beaucoup plus curieux encore (je ne parle pas, bien entendu, de l'absurdité des monnaies); il leur suffit de s'arrêter à la station thermale de la Porretta (2). En effet, le gaz hydrogène carboné, le même qui, dans les temps d'orage, prend feu aux sommets de la Pietra Mala,

---

(1) C'est au mois de novembre 1580 que Montaigne vint à Ferrare. Or l'arrestation du Tasse avait eu lieu en février 1579, c'est-à-dire près de deux ans auparavant. Sa captivité à l'hôpital Sainte-Anne dura plus de sept années, car ce fut seulement le 6 juillet 1586 que, sur les vives instances de divers personnages éminents, et surtout du pape Sixte-Quint, Alphonse II consentit à rendre au Tasse sa liberté.

(2) Ces bains sont situés sur la route de Bologne à Florence, à peu de distance de Pistoia. Là jaillissent, au milieu des Apennins, plusieurs sources sulfureuses, d'une température de 30 à 37 degrés, très-vantées pour le traitement des maladies de la peau.

s'échappe du sol et des sources en telle abondance qu'on le recueille dans un gazomètre et qu'il sert à l'éclairage de la ville. Ce fut un simple cordonnier nommé Spiga qui eut, le premier, l'heureuse idée d'utiliser ce gaz. Le reverbère qu'il alluma, en 1834, n'a depuis lors jamais cessé de brûler.

Montaigne, avant d'atteindre Florence, se plut à visiter le *Pratolino*, maison de campagne du grand-duc. La description qu'il donne du labyrinthe, des cascades, des grottes, des stalactites et des autres ornements du jardin, pourrait parfaitement s'appliquer aujourd'hui à la villa *Pallavicini*, des environs de Gênes. Là aussi, « il semble qu'exprès on ait choisi une assiette incommode, stérile et montueuse, voire même sans fontaines, pour avoir cet honneur de les aller quérir à cinq milles de là, et son sable et chaux à cinq autres milles. » Montaigne remarqua surtout « dans une grande et belle volière de petits oiseaux, comme chardonnerets, qui ont à la queue deux longues plumes, comme celles d'un grand chapon. » Il y vit également « un mouton de fort étrange forme, et un animal de la grandeur d'un grand mâtin, de la forme d'un chat, tout martelé de blanc et de noir, qu'ils nomment un tigre. » Cette manière d'écrire l'histoire naturelle ne rappelle-t-elle pas un peu, par sa naïveté, les récits du souriceau de la fable?

La vue de Florence paraît n'avoir fait sur l'esprit de Montaigne que très-peu d'impression. Ainsi il ne dit presque rien des splendides et immortels chefs-d'œuvre que les Médicis y avaient réunis, les mêmes qui ornent encore actuellement ses places et ses musées, tandis qu'il s'étend avec une nouvelle complaisance sur les futilités d'une autre maison de campagne, la villa *Castello*. Elle n'a pas, il est vrai, de ménagerie vivante comme celle de Pratolino, mais, en revanche, « on y voit toutes sortes d'animaux représentés au naturel, rendant qui par le bec, qui par l'aile, qui par l'ongle, ou l'oreille, ou le naseau, l'eau des fontaines. » Quand on sort de voir de si merveilleuses choses, on est effectivement bien excusable de ne plus avoir d'admiration en réserve pour les vulgaires créations de Michel-Ange ou de Benvenuto Cellini.

Montaigne ne resta que trois jours à Florence, et nous venons de dire comment il y employa une grande partie de son temps. Il quitta cette ville le 24 novembre, se dirigeant vers Rome par Sienne, dont il parle avec éloge, Mont-Alcino qu'il compare à Saint-Émilion, et Acquapendente à Senlis. Nous avons remarqué déjà qu'il affectionne beaucoup ce genre de rapprochements. Au sortir d'Acquapendente, patrie du célèbre anatomiste Fabrice, il longe le lac de Bolsena (*vulsiniensis lacus*), lequel occupe le vaste cratère d'un volcan éteint. C'est à la surface de ce lac que Pline avait signalé des îles flottantes (*lacus in quo fluctuant insulæ quas venti huc et illuc impellunt*), si toutefois on peut appeler de ce nom des amas de détritus végétaux qui, entraînés au large, puis ballottés par les vents, ressemblent de loin, en effet, à de véritables îles. Montaigne, avant d'atteindre Viterbe, s'écarta un peu de son chemin pour aller visiter les bains de Vignone, Saint-Cassien et Montefiascone. Voici le peu de mots qu'il leur consacre.

BAINS DE VIGNONE. — « Le bain, dit-il, est situé dans un endroit un peu haut; au pied passe la rivière d'Orcia. Il y a dans ce lieu une douzaine environ de petites maisons peu commodes et désagréables, et le tout paraît fort chétif. Là est un grand étang, entouré de murailles et de degrés, d'où l'on voit bouillonner, au milieu, plusieurs jets d'eau chaude qui n'a pas la moindre odeur de soufre, élève peu de fumée, laisse un sédiment roussâtre et paraît être plus ferrugineuse que d'aucune autre qualité; mais on n'en boit pas. La longueur de cet étang est de 60 pas, et sa largeur de 25. Il y a tout autour quatre ou cinq endroits séparés et couverts, où l'on se baigne ordinairement. » Les bains de Vignone sont restés, à peu de chose près, dans l'état où ils étaient du temps de Montaigne. L'eau qui les alimente est une eau sulfureuse calcaire, d'une température de 40 degrés, laquelle eau est depuis longtemps réputée pour le traitement des débilités nerveuses. Laurent de Médicis, dit le Magnifique, se trouvait à ces bains en mai 1490, lorsque son fils Pierre lui écrivit pour lui annoncer la visite du célèbre Hermolao Barbaro. (Roscoë, *Life of Lorenzo di Medici*.)

BAINS DE SAINT-CASSIEN. — Montaigne dit simplement « qu'on préfère pour la boisson les eaux de Saint-Cassien à celles de Vignone, comme étant plus efficaces. Elles jaillissent tout près de S. Quirico, à 18 milles du côté de Rome, à la gauche de la grande route. » Ces eaux, par leur importance et les souvenirs historiques qui s'y rattachent, méritaient certainement plus qu'une simple mention. Sulfureuses et thermales comme celles de Vignone, elles conviennent pour les mêmes affections, mais de plus elles sont tout spécialement recommandées, surtout la source Sainte-Lucie, pour le traitement des maladies des yeux et des paupières. Chose remarquable! cette même spécificité d'action leur était déjà attribuée du temps des Romains. Ainsi c'est à ces eaux (*Balnea clusini*) qu'Horace fut envoyé par Antonius Musa, son médecin, pour prendre des bains et des douches.

> *Qui caput et stomachum supponere fontibus audent*
> *Clusinis...*

Or, lui-même nous l'apprend, il était *lippus*, en d'autres termes, moins poétiques peut-être, il était chassieux.

BAINS DE MONTEFIASCONE. — Il existe dans les environs de la ville de ce nom (1) plusieurs sources sulfureuses grossièrement aménagées. Montaigne

---

(1) Cette ville est plus connue aujourd'hui par son excellent muscat. On rapporte à ce sujet qu'un seigneur allemand qui se faisait précéder d'un piqueur dont la consigne était d'écrire le mot *Est* sur chaque hôtellerie où se trouvait le meilleur vin, remarqua ce mot trois fois écrit sur celle de Monte-

fut voir la principale. « C'est, dit-il, un bain situé dans une très-grande plaine, formant un petit lac à l'un des bouts duquel on voit une très-grosse source jeter une eau qui bouillonne avec force, et presque brûlante. On boit de cette eau pendant sept jours, dix livres chaque fois; on s'y baigne le même temps, ayant eu soin de la laisser refroidir pour en diminuer la chaleur. Celui qui tient la maison de bains vend une certaine boue qu'on tire du lac et dont usent les bons chrétiens, en la délayant avec de l'huile, pour la guérison de la gale, et, pour celle des brebis et des chiens, en la délayant avec de l'eau. Nous y trouvâmes beaucoup de chiens du cardinal Farnèse qu'on y avait menés pour les faire baigner. » Maintenant encore, c'est surtout la médecine vétérinaire qui tire parti des eaux de Monteflascone. Inutile d'ajouter que Montaigne fut très-peu tenté d'y suivre une cure.

Toute cette contrée représente un sol essentiellement volcanique, mélangé de couches marines, fluviatiles et lacustres. Les eaux minérales y abondent: aussi Montaigne se trouvait-il là en quelque sorte dans son élément. Arrivé à Viterbe, cette ancienne capitale de l'Etrurie, il s'inquiète peu de la ville, de ses ruines romaines, de ses monuments gothiques du moyen âge: toute son attention est pour les eaux minérales qu'il s'empresse d'aller visiter. Nous l'accompagnerons dans cette nouvelle excursion.

BAINS DE VITERBE. — « J'allai, dit-il, voir d'assez grand matin quelques bains de ce pays situés dans la plaine et assez éloignés de la montagne. Je vis une maisonnette dans laquelle est une petite source d'eau chaude qui forme un petit lac pour se baigner. Cette eau n'a ni saveur ni odeur, elle est médiocrement chaude. Je jugeai qu'il y a beaucoup de fer, mais on n'en boit pas. Plus loin, au bas d'un édifice appelé le *Palais du pape*, il y a trois jets d'eau chaude, de l'un desquels on use en boisson. L'eau n'en est que d'une chaleur médiocre et tempérée; elle n'a point de mauvaise odeur. On y sent seulement au goût une petite pointe où le nitre me semble dominer. » Montaigne désigne probablement ici la source ferrugineuse de *la Grotte* et la source sulfureuse de *la Croix*, lesquelles sources alimentent le petit établissement thermal que fit élever le pape Nicolas V, en souvenir des bons effets qu'il en avait obtenus. Montaigne parle ensuite des abondants dépôts qui se forment autour de ces sources, et qu'il compare assez judicieusement à la matière première du marbre (ce sont, en effet, des carbonates calcaires), puis il ajoute: « On boit là tout comme ailleurs, par rapport à la quantité; on se promène après et l'on se trouve bien de suer. Ces eaux sont en grande réputation; on

---

flascone. Il s'y arrêta. Malheureusement, les libations qu'il y fit furent si copieuses qu'elles lui coûtèrent la vie. C'est en souvenir de cet événement qu'on a écrit sur sa tombe:

Est, Est, Est, et propter nimium Est mortuus est.

les transporte par charge dans l'Italie. On leur attribue spécialement une grande vertu pour les maux de reins. J'y étais allé dans l'intention d'en boire pendant trois jours, mais j'y renonçai, n'en augurant pas bien par suite d'une inscription qu'on voit sur le mur, et qui contient les invectives d'un malade contre les médecins qui l'avaient envoyé à ces eaux, dont il se trouvait beaucoup plus mal qu'auparavant. » Voilà bien Montaigne avec ses incertitudes et ses hésitations, toujours en défiance des médecins, et prêt, au contraire, à ajouter foi aux moindres bavardages des malades.

« Je terminai, dit-il, ma tournée par visiter l'endroit où les habitants de Viterbe amassent les lins et les chanvres qui font la matière de leurs fabriques, et où les hommes seuls travaillent, sans employer aucune femme. Il y avait un grand nombre d'ouvriers autour d'un certain lac où l'eau, dans toute saison, est également chaude et bouillante. Il disent que ce lac n'a point de fond, et ils en dérivent de l'eau pour former d'autres petits lacs tièdes où ils mettent rouir le chanvre et le lin. » Montaigne ne paraît pas se douter que « ce certain lac, » qu'il traite un peu dédaigneusement, n'est autre que ce formidable gouffre dont les émanations, au dire de Lucrèce, suffisaient pour tuer les oiseaux qui volaient à sa surface. L'asphyxie qui les frappait n'est peut-être qu'une fiction poétique; cependant elle s'expliquerait assez bien par l'hypothèse d'un dégagement autrefois plus considérable que maintenant, d'acide carbonique mélangé de vapeurs sulfureuses. Quant à admettre avec Lucrèce que ce fut Hercule qui fit jaillir la source d'un coup de sa massue, ceci, j'en conviens, pourra sembler plus contestable. Quoi qu'il en soit de son origine, cette source que les Romains appelèrent *Aquæ cajæ* et qu'on nomme aujourd'hui le *Bullicame*, est une eau sulfureuse chaude (62 degrés), d'une extrême abondance, qui jaillit d'un ancien soupirail volcanique. Tibulle, Strabon, Simmaque, Martial, en ont célébré les vertus ainsi que la somptueuse distribution. C'est de cette source que le Dante a dit :

> Quale del Bulicame esce 'l ruscello
> Che parton poi tra lor le peccatrici.

Fazio degli Uberti la désigne également dans ces vers :

> Gli Baracin, di cui preuni gran dubio
> Così distrusse, come fosser stati
> Nel Bulicame, e dove arde Vesuvio.

Aucune gloire ne lui a donc manqué. Délaissée aujourd'hui par un de ces caprices du sort que rien ne justifie, car ses eaux sont restées tout aussi efficaces, peut-être reprendra-t-elle un jour le rang qu'elle occupait, et dont les ruines qui l'avoisinent attestent la splendeur.

De retour de ses excursions thermales, Montaigne se remet en route. Il longe lac de Vico, lequel occupe, comme celui de Bolsena, un ancien cratère, va coucher à Ronciglione, puis repart le lendemain matin dès trois heures,

« tant il avait envie de voir le pavé de Rome. » Devant lui s'étend « une grande plaine au milieu de laquelle, en certains endroits secs et dépouillés d'arbres, on voit bouillonner des sources d'eau froide assez pure, mais tellement imprégnée de soufre que de fort loin on en sent l'odeur. » Il la traverse à cheval sans s'y arrêter, et, le même jour, le dernier de novembre, dans la soirée, il fait enfin son entrée dans Rome.

Montaigne ne nous dit pas quelle impression la vue de Rome produisit tout d'abord sur son esprit. C'est qu'en y arrivant il souffrait trop de sa gravelle pour s'occuper d'autre chose que de lui-même. Je ferai remarquer à ce sujet que, depuis qu'il se trouvait en Italie, ses coliques néphrétiques avaient pris une telle intensité et une telle fréquence que c'étaient à tout instant de nouvelles crises, suivies de l'expulsion de quelque calcul. D'où provenait cette recrudescence? La raison, je crois, doit en être cherchée moins dans les fatigues du voyage que dans la nature du régime qu'il suivait. Ce régime consistait principalement en salades de limons ou d'oranges, crudités de toutes sortes, mets fortement épicés, vins purs ou presque purs. Quoi de plus détestable pour une gravelle d'acide urique! Or telle était l'espèce de gravelle dont il était atteint, car, ainsi qu'il le répète à satiété, le sable était rouge et les pierres offraient de même une teinte roussâtre. Douze jours après son arrivée à Rome, il fut pris d'une crise plus forte que toutes les autres, à tel point qu'il se trouva mal. Craignant alors « pour une inusitée déflexion de ses reins d'y être menacé de quelque ulcère, » il se décide à consulter un médecin. Celui-ci lui fit prendre « de la casse, de la térébenthine de Venise, certain sirop de bon goût, puis un amandé dans lequel entraient les quatre semences froides. » C'était beaucoup peut-être pour un malade qui avait horreur des remèdes. Aussi Montaigne n'en ayant éprouvé d'autres effets « que l'odeur de l'urine à la violette de mars » (on sait que ceci est particulier à la térébenthine), en resta là de son traitement.

Une fois rétabli, il s'empressa de solliciter une audience du pape, laquelle lui fut accordée immédiatement. Les détails qu'il raconte sur sa réception prouvent qu'à cette époque, le cérémonial de la cour de Rome était le même que de nos jours. Ainsi Montaigne, « après avoir été béni en entrant par le saint-père, se mit à genoux devant lui, baisa sa pantoufle rouge où était brodée une croix blanche, répondit, toujours à genoux, aux questions que le pape lui adressa, puis, recevant de nouveau sa bénédiction, se releva et sortit à reculons. » Or c'est littéralement ainsi que les choses se passèrent pour M. Magendie et pour moi, en 1843, lors de l'audience que nous donna Grégoire XVI; je dois même dire que mon illustre et regrettable maître se prêta de fort bonne grâce au baisement de la mule. Quant à Montaigne, il assure qu'au moment où il se penchait, « le pape avait un peu haussé le bout du pied, ce qu'il ne fît pour personne. » N'est-ce pas plutôt Montaigne qui laisse un peu percer ici le bout de l'oreille?

Le séjour de Rome plut singulièrement à Montaigne. Il y resta cinq mois employant son temps en promenades de tous côtés, en visites aux monuments, aux musées et aux bibliothèques, et en excursions à cheval hors de la ville. Les églises étaient ses lieux de rendez-vous de prédilection, moins au point de vue de l'art qu'à cause des cérémonies religieuses dont la pompe lui plaisait singulièrement et qu'il suivait en véritable fidèle. « Le mercredi de la semaine sainte, je fis, dit-il, la visite des sept églises avec M. de Foix, avant dîner, et y mîmes environ cinq heures. Entre autres plaisirs que Rome me fournissait en carême, c'étaient les sermons. Il y avait d'excellents prêcheurs, surtout parmi les jésuites. » Voici le jugement qu'il porte sur cette célèbre corporation : « C'est merveille, dit-il, combien de part ce collège tient en la chrétienté; et crois qu'il ne fut jamais confrérie et corps parmi nous qui tînt un tel rang ni qui produisît enfin des effets tels que feront ceux-ci, si leurs desseins continuent. Ils possèdent tantôt toute la chrétienté; c'est une pépinière de grands hommes en toutes sortes de grandeur. C'est celui de nos membres qui menace le plus les hérétiques de notre temps. » Ce langage élogieux de Montaigne, que lui inspirait sa haine de l'hérésie, pourra paraître quelque peu étrange à ceux qui ne veulent voir en lui que l'apôtre du scepticisme. Or bien loin d'être sceptique en religion (1), Montaigne se fût plutôt montré intolérant : témoin l'ardeur de ses controverses en Allemagne avec divers ministres du culte réformé.

Montaigne, pendant son séjour à Rome, menait, qu'on me pardonne l'expression, la vie d'un vrai *flâneur*, tout spectacle, pourvu qu'il fût nouveau, exerçant sur lui un attrait irrésistible. Ainsi un jour il va voir exorciser un possédé, et le lendemain circoncire un enfant juif : double cérémonie dont il se plaît à raconter minutieusement tous les détails. Il poussa même la curiosité jusqu'à vouloir assister à l'exécution d'un fameux bandit, nommé Catena, « qui fut étranglé d'abord, puis détranché en quatre quartiers. » Quelle contenance Montaigne fit-il pendant l'exécution? Très-bonne, je présume, car il se contente de parler des autres. « Je remarquai, dit-il, combien le peuple s'effraie des rigueurs qui s'exercent sur les corps morts. Ces mêmes gens qui n'avaient pas senti de le voir étrangler, à chaque coup qu'on donnait ensuite pour le hacher, s'écriaient d'une voix piteuse. » A cela se borne l'oraison funèbre du bandit. Seulement Montaigne fait observer qu'en

---

(1) L'épitaphe suivante qu'on lit aux Feuillants de Bordeaux, fait bien sentir l'esprit tout à la fois religieux et sceptique de Montaigne :

Solius addictus jurare in dogmata Christi,
Cætera Pyrrhonis pendere lance sciens.

« Attaché fermement aux seuls dogmes du christianisme, il sut peser tout le reste à la balance de Pyrrhon. »

mutilant ainsi le cadavre au lieu du patient, on sauvegardait les droits de l'humanité tout en atteignant le même but, qui était d'imprimer aux populations un salutaire effroi.

Montaigne, dans ses excursions *extrà muros*, n'eut garde d'oublier la source sulfureuse de Tivoli, si célèbre autrefois (1), mais alors complétement abandonnée. Il se contenta d'acheter des dragées faites avec l'écume et le sédiment que ses eaux déposent. Les pastilles de Vichy sont donc loin d'être, en tant que pastilles hydro-minérales, d'invention moderne.

Le séjour de Montaigne à Rome se trouva prolongé un peu plus qu'il ne l'avait prévu, par les négociations que nécessitèrent deux graves affaires qu'il avait à cœur de mener à bonne fin. La première est relative à la censure de ses ESSAIS, « lesquels, après plusieurs conférences avec le maître du Sacré Palais, lui furent remis châtiés selon l'opinion des docteurs moines. » Les changements exigés se bornèrent à fort peu de choses. La seconde affaire est une affaire d'amour-propre ; il s'agissait pour lui de se faire nommer *citoyen romain*. « Je recherchai, dit-il, et employai tous mes cinq sens de nature pour obtenir ce titre, ne fût-ce que pour l'ancien honneur et religieuse mémoire de son autorité. J'y trouvai de la difficulté ; toutefois je la surmontai. L'autorité du pape y fut employée par le moyen de son majordome qui m'avait pris en singulière amitié et s'y peina fort; et m'en fut dépêché lettres très-authentiques le 5 avril 1581, en la même forme et faveur de paroles que les avait eues le seigneur Jacomo Buon-Compagno, duc de Sero, fils du pape (2). C'est un titre vain ; tant y a-t-il que j'ai reçu beaucoup de plaisir de l'avoir obtenu. » Non, ce titre n'était pas aussi vain aux yeux de Montaigne qu'il veut bien le dire, sans quoi il ne se fût pas donné tant de mouvement pour se le faire décerner. Il n'en parlerait pas à tout propos dans ses ESSAIS comme dans son JOURNAL, et surtout il ne rapporterait pas tout au long les termes du diplôme par lequel « le sénat et le peuple romain, d'après l'antique usage de la république, confèrent à l'illustrissime chevalier de Montaigne cette éminentissime distinction » (suit l'énumération non moins ron-

---

(1) Cette source, appelée *Albula* par les Romains, est une eau sulfureuse faiblement thermale (23° c.). Limpide à son point d'émergence, elle ne tarde pas à prendre une teinte laiteuse qu'elle conserve dans son parcours :

Canaque sulphureis Albula fumat aquis.
MARTIAL.

(2) Il s'agit du pape Grégoire XIII (*Buon-Compagno*) qui effectivement avait été marié. Ce pape est surtout célèbre par la réforme qu'il opéra en 1582, l'année même qui suivit le départ de Montaigne, du calendrier Julien établi par César l'an 46 avant J.-C. C'est ce calendrier qu'on suit aujourd'hui dans presque toute l'Europe sous le nom de *calendrier grégorien*.

dante de toutes ses belles qualités). Comment ne voit-il pas que ce sont là, ainsi que lui-même le dit ailleurs, « services de phrases italiennes, bonnes *per la predica?* » Comment, enfin, ignore-t-il ou feint-il d'ignorer que ces lettres patentes qui lui semblent si personnellement flatteuses, sont brodées toutes sur le même canevas pour chaque récipiendaire, quel que soit son rang ou sa naissance?

Montaigne partit de Rome le 19 avril, avec l'intention de se rendre aux bains de Lucques. Mais, au lieu de suivre la voie la plus directe, qui était celle de Sienne, il aima mieux faire un assez long détour par Narni, Spolette, Foligno et Macerata, afin de visiter le célèbre pèlerinage de Lorette où il arriva le 25. La description qu'il donne de la *Santa Casa*, ou maison de la Vierge, qu'une pieuse tradition rapporte avoir été transportée de Judée par les anges, à travers les airs, en 1291, est remplie d'intéressants détails. « Là, dit-il, se voit, au haut des murs, l'image de Notre-Dame, faite de bois ; tout le reste est si fort paré de vœux, riche de tant de lieux et princes, qu'il n'y a jusques à terre pas un pouce vide, et qui ne soit couvert de quelque lame d'or et d'argent. J'y pus trouver, à toute peine, place et avec beaucoup de faveur, pour y loger un tableau dans lequel il y a quatre figures d'argent attachées : celle de Notre-Dame, la mienne, celle de ma femme, celle de ma fille ; et sont toutes du rang, à genoux, dans ce tableau, et la Notre-Dame au haut sur le devant. Mon tableau est logé à main gauche, contre la porte d'entrée, et je l'y ai laissé très-curieusement attaché et cloué. » Quelle put être ici la pensée de Montaigne? Ne devons-nous voir dans cet *ex voto* qu'une exhibition semblable à celle de son écusson? J'y vois bien plutôt un acte profondément religieux. En effet, il ajoute : « Nous fîmes en cette chapelle-là nos pâques, ce qui ne se permet pas à tous. Un jésuite allemand m'y dit la messe et donna à communier. » Que demander de plus ? Ce qui suit paraîtra peut-être plus significatif encore. « Ce lieu, dit-il, est plein d'infinis miracles. Je n'en citerai qu'un seul. Il y avait là Michel Marteau, seigneur de la Chapelle, parisien, jeune homme très-riche, avec grand train. Je me fis fort particulièrement et curieusement réciter par lui et par aucuns de sa suite, l'événement de la guérison d'une jambe qu'il disait avoir eue de ce lieu ; il n'est possible de mieux ni plus exactement former l'effet d'un miracle. Tous les chirurgiens de Paris et d'Italie s'y étaient faillis. Il y avait dépensé plus de trois mille écus ; son genou enflé, inutile et très-douloureux, il y avait plus de trois ans, devenait de plus en plus mal, plus rouge, enflammé et enflé, jusques à lui donner la fièvre. En ce même instant, tous autres médicaments et secours abandonnés depuis plusieurs jours, dormant, il songe tout à coup qu'il est guéri, et il lui semble voir un éclair. Il s'éveille, crie qu'il est guéri, appelle ses gens, se lève, se promène, ce qu'il n'avait pas fait onques depuis son mal ; son genou désenfle, la peau flétrie tout autour du genou et comme morte, lui toujours depuis en amendant, sans nulle autre sorte d'aide. Et lors, quand je le vis, il était en cet état d'entière guérison, étant revenu à Lorette d'un voyage de deux mois qu'il venait de faire à Rome. De sa bouche et de tous les siens, il ne s'en peut tirer pour certain que cela. » Quand Montaigne écrivait ces lignes, il n'avait pas encore 50 ans, et il avait publié les deux premiers livres de ses ESSAIS ! Ainsi voilà l'auteur du fameux *Que sais-je?* qui, malgré sa santé délabrée, entreprend au loin un fatigant pèlerinage. A peine arrivé, il n'a rien de plus pressé que de se mettre, lui et sa famille, sous la protection de la Vierge. Il se confesse, communie, puis, comme si ce n'était assez, il fait hautement profession de croire aux miracles; il va même jusqu'à en citer un dont il n'hésite pas à se porter garant. Qui donc, après de tels actes et en face de semblables déclarations, pourrait suspecter encore la sincérité de ses sentiments religieux ?

Montaigne resta trois jours entiers à Lorette, « lieu où il se plaisait fort. » Il eut quelque velléité de se rendre de là à Naples, en longeant le littoral de l'Adriatique, mais la crainte des bandits et l'impatience d'arriver aux bains de Lucques le firent renoncer à ce projet. Il s'achemina directement vers ces bains, qu'il atteignit le 8 mai.

BAINS DE LUCQUES. — Ces bains, malgré le nom par lequel on les désigne, ne se trouvent pas à Lucques même, mais à seize milles plus au nord, en pleine chaine des Apennins. Montaigne dit de la capitale du duché, « que c'est une des plus plaisantes assiettes de villes qu'il vit jamais. » On ne saurait, en effet, imaginer rien de plus ravissant comme situation. Puis il ajoute : « Lucques est une ville libre, *sauf* que, pour sa faiblesse, elle s'est jetée sous la protection de l'empereur et maison d'Autriche. » Voilà une liberté qui, réglementée de la sorte, ressemble singulièrement à celle que définissait Beaumarchais. Lucques fait aujourd'hui partie de la Toscane. Quelle sera sa destinée demain ?

Une fois aux bains, Montaigne songea tout d'abord à s'y établir de la manière la plus confortable. « Il y a là, dit-il, trente ou quarante maisons très-bien accommodées. Je les reconnus quasi toutes avant de faire marché, et m'arrêtai à la plus belle, notamment pour le prospect qui regarde la vallée, la rivière de la Lima et les montagnes environnantes. Ces montagnes sont toutes bien cultivées et vertes jusqu'à la cime, peuplées de châtaigniers et oliviers, et ailleurs de vignes qu'ils plantent et disposent en forme de cercles et de degrés. Mon hôte, qui est pharmacien, se nomme le capitaine Paolini. » Le voilà organisé. Tout entier désormais au traitement thermal qu'il s'est prescrit de sa propre ordonnance, il ne parlera plus que de ce qu'il fait, de ce qu'il prend et.... de ce qu'il rend (1). Montaigne, dans cette naïve expo-

---

(1) Il entre parfois dans des détails incroyables. Témoin le passage suivant : « Le soir du 21 août, raconte-t-il, il me fut donné un lavement très-

sition de son état physique, semble s'être inspiré du précepte d'Horace :

Si ventri bene, si lateri est pedibusque tuis, nil
Divitiæ poterunt regales addere majus.

N'espérez pas qu'il vous fasse grâce de la plus petite circonstance relative à l'opération de ses eaux. Il a, sous ce rapport, un arriéré de comptes à solder. « Souvent, dit-il, je me suis repenti de n'avoir pas écrit plus particulièrement sur les autres bains, ce qui aurait pu me servir de règle et d'exemple pour ceux que je verrais dans la suite ; je veux cette fois me mettre au large sur cette matière ». Or il s'y mit beaucoup trop, toute cette partie de son journal étant d'une monotonie désespérante. Cette attention si minutieuse de sa santé et de lui-même semble attester de la part de Montaigne une crainte de la mort qui touche à la pusillanimité, encore bien que, par moments, il affecte un complet détachement de la vie. Aussi pourrait-on lui appliquer ce mot que Cicéron met dans la bouche de je ne sais quel personnage : « Je ne veux pas mourir, mais il me serait fort indifférent d'être mort. » (*Emori nolo, sed me mortuum nihil estimo.*)

Laissons Montaigne noter jour par jour et heure par heure, sur son JOURNAL (1), tout ce que les eaux prises en boisson, en bains et en douches, lui font éprouver. Ce sont là de ces passe-temps auxquels on comprend qu'un malade se livre pour mieux fixer ses souvenirs, mais qui, en définitive, n'in-

---

bien préparé avec de l'huile, de la camomille et de l'anis. Le capitaine Paolini me l'administra lui-même avec beaucoup d'adresse ; car, quand il sentait que les vents refoulaient, il s'arrêtait et retirait la seringue à lui, puis il reprenait doucement et continuait, de façon que je pris ce remède tout entier sans aucun dégoût. » A quel genre de lecteurs Montaigne destinait-il ces agréables confidences ?

(1) Montaigne, dans toute cette partie de son JOURNAL, a la fantaisie de s'exprimer en italien. Comme il ne savait pas, du moins par principes, le premier mot de cette langue, il me paraît avoir mis en pratique la recette qu'il indique dans ses ESSAIS : « En Italie, dit-il, je conseillais à quelqu'un qui était en peine de parler italien, que, pourvu qu'il ne cherchât qu'à se faire entendre, sans y vouloir autrement exceller, il employât seulement les premiers mots qui lui viendraient à la bouche, latins, français, espagnols ou gascons, et qu'en y adjoutant la terminaison italienne, il ne faudrait jamais à rencontrer quelque idiome du pays ou toscan, ou romain, ou vénitien, ou piémontais, ou napolitain. » Et, en effet, l'italien de Montaigne est une macédoine de diverses langues où domine surtout le patois périgourdin. J'ai consulté, pour l'intelligence de cette partie du JOURNAL, la traduction de Bartoli, mise en regard du texte italien dans l'édition de 1774.

téressent que lui. Aussi nous contenterons-nous de relater sommairement quelques-unes des principales évolutions de sa cure.

Il prit tout d'abord une médecine de casse, se purger étant alors, comme cela a été longtemps depuis, le prélude obligé de toute médication thermale (1). Ensuite il commença son traitement. « L'usage ici, dit-il, est de boire les eaux huit jours, puis de se baigner trente; on évite de prendre] bain et la boisson le même jour, dans la crainte que leurs effets ne se contrarient. J'agis contre ces règles. » Elles étaient sans doute un peu arbitraires; celles qu'il lui substitua de son chef valaient-elles beaucoup mieux? Voyons-le à l'œuvre. Il s'ingurgite tous les matins, coup sur coup, de sept à huit livres d'eau minérale; de plus il prend, chaque après-midi, un bain d'une à deux heures, suivi d'une forte douche. Je veux bien que les eaux de Lucques soient des eaux très-anodines, mais encore faut-il quelque mesure dans leur emploi. Aussi entendons-nous Montaigne se plaindre à tout instant de gonflement, de malaise, d'insomnie, d'irritation vésicale, à tel point qu'en moins de huit jours il se sent littéralement sur les dents. Alors que de récriminations contre la médecine et les médecins ! C'est toujours son même refrain. Or notez que, fidèle à son système, il n'a pris conseil que de lui seul; par conséquent, c'est lui seul qu'il devrait accuser. Enfin, après bien des tâtonnements et bien des essais dont aucun ne lui réussit, il crut prudent de suspendre son traitement.

Ici se place, dans le récit de Montaigne, la description d'un bal champêtre que, pour occuper ses loisirs, il donna aux jeunes filles de l'endroit. Ce bal eut lieu sur la place publique. « J'avais, dit-il, cinq ou six jours auparavant, fait publier la fête dans tous les lieux voisins. La musique se composa de cinq fifres que je nourris pendant tout le jour et les gratifiai d'un écu pour eux tous. » Aujourd'hui un orchestre coûte plus cher; il est vrai que son personnel est un peu plus varié. Montaigne, conformément à ce qui se faisait d'habitude, établit des prix pour les danseurs et les danseuses que désignerait une sorte d'aréopage formé des dames les plus distinguées de la société. « L'usage, dit-il, est qu'on distribue plusieurs prix pour éviter toute jalousie et tout soupçon de préférence. Je fus sollicité par beaucoup

---

(1) C'est ainsi qu'un siècle plus tard, Boileau écrivait de Bourbon-l'Archambault à Racine (21 juillet 1687) : « J'ai été *purgé*, saigné; il ne me manque plus aucune des *formalités prétendues nécessaires* pour prendre les eaux. La médecine que j'ai prise aujourd'hui m'a fait, à ce qu'on dit, tous les biens du monde, car elle m'a fait tomber quatre ou cinq fois en faiblesse, et m'a mis en état qu'à peine je me puis soutenir. C'est demain que je dois commencer le grand œuvre, je veux dire que demain je dois commencer à prendre les eaux. »

de personnes qui me priaient de ne point oublier, l'une elle-même, l'autre sa nièce, une autre sa fille.' » Cet empressement s'explique très-bien pour peu qu'on jette les yeux sur la liste des prix dont Montaigne nous donne avec tant de complaisance la pompeuse énumération. Voici cette liste : « J'avais fait venir de Lucques, raconte-t-il, une ceinture de cuir et un bonnet de drap noir pour les hommes, et pour les femmes, deux tabliers de taffetas, l'un vert et l'autre violet, deux autres tabliers d'étamine, quatre quarterons d'épingles, quatre paires d'escarpins, dont je donnai une paire à une jolie fille, hors du bal, une paire de mules à laquelle j'ajoutai une paire d'escarpins, ne faisant qu'un prix des deux; trois coiffes de gaze, trois tresses qui faisaient trois prix et quatre petits colliers de perles : ce qui faisait dix-neuf prix pour les femmes et deux pour les hommes. Le tout me revenait à un peu plus de six écus. On attacha ces prix à un cercle fort orné de tous côtés, et ils furent exposés à la vue de tout le monde. » Viennent ensuite les détails de la fête. « Nous commençâmes, dit-il, le bal avec les femmes du village auxquelles se joignirent bientôt plusieurs dames et gentilshommes de la seigneurie. J'allais parmi les villageoises choisissant des yeux tantôt l'une, tantôt l'autre, et j'avais égard à la beauté ainsi qu'à la gentillesse : d'où je leur faisais observer que l'agrément d'un bal ne dépendait pas seulement du mouvement des pieds, mais encore de la contenance, de l'air, de la bonne façon et de la grâce de toute la personne. Les prix furent ainsi distribués, aux unes plus, aux autres moins, suivant leurs mérites. La distributrice les offrait de ma part aux danseuses, en leur disant toujours d'un air agréable : C'est M le chevalier qui vous fait ce beau présent; remerciez-le. — Point du tout, répliquais-je. Vous en avez l'obligation à cette dame qui vous a jugée mériter, entre tant d'autres, cette petite récompense. Je suis seulement fâché que l'objet ne soit pas plus digne de telle ou telle de vos qualités, lesquelles alors je détaillais suivant ce qu'elles étaient. Les choses se passèrent de même pour les hommes. La fête finie, j'invitai tout le monde à souper. J'en fus quitte pour plusieurs pièces de veau et quelques paires de poulets (1). »

Montaigne, on le voit, nous transporte ici en pleine pastorale. Sa qualité d'amphitryon et d'ordonnateur l'empêcha seule de prendre part à la danse. Chacun, du reste, ainsi qu'il nous l'apprend, se montra charmé de son amabilité et de la manière grande et noble dont il avait fait les choses.

Montaigne, après plusieurs jours de repos, reprit son traitement. Il se trouvait alors dans l'état suivant : « Je souffrais peu des reins, dit-il, mais

---

(1) « On vit ici, dit-il, à très-bon marché. La livre de veau très-blanc, très-tendre, coûte environ trois sous de France. Un superbe lièvre me fut vendu six sous au premier mot. »

je sentais de la pesanteur sur le front et des bourdonnements d'oreille. Quand je voulais lire ou regarder fixement un objet, mes yeux se couvraient de certains nuages qui, sans rendre la vue plus courte, y occasionnaient je ne sais quel trouble. J'avais en même temps des étourdissements. » C'étaient là bien évidemment les signes d'un état congestif du cerveau. Mais Montaigne, avec ses idées médicales à lui, en jugea tout autrement; il voulut y voir de la faiblesse et du défaut de ton. Aussi se fit-il administrer tous les jours, sur la tête, des douches d'une demi-heure avec l'eau de la source Barnabé qui est une des plus actives de Lucques. Le cerveau, bien entendu, se prit davantage, au point même qu'une attaque parut imminente. S'apercevant, assez à temps heureusement, qu'il faisait fausse route, il changea tout à coup ses batteries. Désormais plus de bains, plus de douches, mais la boisson à plus haute dose encore qu'au début. Et en effet, il se soumit à une véritable question humide, buvant tous les matins jusqu'à neuf à dix livres d'eau minérale. Son attente fut encore trompée, car cette médication dépurative, dont il se promettait merveille, n'aboutit qu'à des vomissements et à des crampes d'estomac.

Que faire cependant ? Consulter ? Bien au contraire, c'est lui qui donnera des consultations. Inhabile à se traiter, il traitera les autres, et, qui plus est, ses ordonnances feront loi. « Quelques médecins, raconte-t-il, ayant à prendre un parti important pour un jeune seigneur, M. Paul de Cesis, qui était à ces bains, vinrent me prier de vouloir bien assister à leur délibération et entendre leur avis, parce qu'on était résolu de s'en tenir à ce que je déciderais. J'en riais alors en moi-même ; mais il m'est arrivé plus d'une fois pareille chose pendant mes voyages. » C'est peut-être le cas de se demander qui l'on trompait ici. Or, pour quiconque connaît la causticité italienne, si remplie d'urbanité et de déférence, nul doute que ce pauvre Montaigne, qu'aveuglait son amour propre, n'ait été la dupe d'une mystification concertée. Il devait, du reste, être magnifique dans ce rôle de consultant, à en juger par l'incroyable aplomb avec lequel il débite, à tout propos, dans son JOURNAL les plus monstrueuses stupidités en médecine.

Voilà bientôt un mois que Montaigne est à Lucques, et il s'en faut de beaucoup que sa position se soit améliorée. Ce qui le confond surtout, c'est la quantité prodigieuse de sable et de pierres que, grâce à son régime de crudités et d'acides, il continue de rendre. Fatigué du traitement et découragé de l'insuccès de chaque nouvelle tentative, il se décide le 21 juin à quitter Lucques, afin de voir s'il ne trouvera pas dans le voisinage quelque autre Bain plus à sa convenance.

Son intention était de se rendre d'abord aux eaux de Monte-Catini dont il avait entendu dire beaucoup de bien : quelques malades, à Lucques, buvaient même de l'eau transportée du Tetuccio, qui en est la principale source. Par malheur, il ne s'était pas suffisamment renseigné sur la situation de ce Bain,

De telle sorte qu'arrivé à Pistoïa, il apprit qu'il l'avait dépassé de six à sept milles; au lieu de revenir sur ses pas, ce qui eût été le parti le plus sage, les eaux de Monte-Catini (1) lui convenant mieux que celles de Lucques, il préféra continuer sa route vers Florence, où il arriva le 23 juin. Nous avons déjà parlé de son premier séjour dans cette ville; il y resta moins de temps cette fois-ci. Ses principales distractions furent d'aller voir les salles d'escrime, les courtisanes, la course des chars et celle des barbes ou chevaux sauvages. Il s'amusa beaucoup aussi de la revue passée par le grand-duc, François de Médicis, de toutes les villes de la Toscane que « représentaient des estafiers dans un accoutrement moins imposant que burlesque. » Enfin, après avoir été visiter une dernière fois sa chère villa Pratolino qu'il ne pouvait se lasser d'admirer, il quitta Florence le 3 juillet et prit la direction de Pise où il fut rendu en deux jours.

Pise parut l'intéresser presque autant que Florence. C'est, du reste, une grande et belle ville, trop grande même pour sa population actuelle, avec de magnifiques quais sur l'Arno. Si Florence est infiniment plus riche en palais et en monuments d'art, Pise l'emporte par sa place du Dôme, merveilleuse enceinte où se trouvent harmonieusement groupés le *Campo-Santo*, le *Baptistère*, la *Cathédrale* (2) et la *Tour penchée*. Pise peut encore lutter sans désavantage avec Florence par quelques-unes de ses promenades. Ainsi, celle dite des *Cascines* ou *fromagerie* des Médicis, représente une longue et splendide avenue, conduisant de Pise à la mer à travers de riches prairies et des bois formés d'essences résineuses. On y respire un air balsamique d'une extrême pureté, et, en même temps, l'œil est très-agréablement surpris d'y voir des bandes de dromadaires et de chevaux sauvages errer en liberté au milieu de troupeaux domestiques. La plage, où cette avenue aboutit, est, chaque année, le rendez-vous de beaucoup de baigneurs. Vous y rencontrez également bon nombre de ces malheureux phthisiques qui viennent, trop souvent hélas! sans succès, demander à l'Italie le bénéfice de son climat exceptionnel. Montaigne, l'esprit toujours à la galanterie, y fit emplette d'une

---

(1) Ces eaux, les premières de la Toscane par leur importance, sont des eaux salines chlorurées. D'après Jean Villani, historien du quinzième siècle, le nom de Monte-Catini (autrefois *Catellino*) leur viendrait de ce que c'est au pied de la montagne qui domine les sources que Catilina fut défait par le consul Petreius. On montre même la place où il aurait été trouvé percé de coups, le visage encore animé de toute sa férocité naturelle : *Ferociam animi quam habuerat vivus, in vultu retinens*, dit Salluste.

(2) La lampe de bronze qu'on voit aujourd'hui suspendue à la voûte de la cathédrale est la même dont les balancements furent, dit-on, pour Galilée, jeune encore, la révélation de la loi d'isochronisme du pendule.

provision de beau poisson qu'il envoya en cadeau aux comédiennes (1) de
Pise. Et, comme il avait une foi toute particulière aux remèdes de bonne
femme, il acheta pour son usage un gobelet en bois de tamaris, lequel bois,
ajoute-t-il très-sérieusement, « communique aux boissons des propriétés
souveraines contre les maux de rate et la gravelle. »

Nous n'avons pas oublié que son principal but, en quittant Lucques, avait
été d'aller à la recherche de quelque autre eau minérale. Comme il se trouvait,
à cet égard, un peu dépaysé, il voulut avoir l'avis du célèbre médecin Cornachine, professeur à l'université de Pise, mais non sans déguiser sa dé-
marche sous la forme d'une simple visite de politesse. Combien de malades
trouvent ainsi moyen pour un motif ou pour un autre, de nous escamoter
gratuitement des consultations ! Du moins Montaigne n'avait d'autre but ici
que de sauvegarder son amour-propre. Voici comment il rend compte de son
entretien avec Cornachine : « Ce médecin, dit-il, ne fait pas grand cas des
bains qui sont dans le voisinage de Pise, mais bien de ceux d'Aqui qui en
sont à la distance de seize milles. Ces bains sont, à son avis, merveilleux
pour les maladies du foie (et il m'en raconta bien des prodiges) ainsi que
pour la pierre et pour la colique ; mais, avant d'en user, il conseille de
boire des eaux de Lucques. Il est convaincu qu'à l'exception de la saignée,
la médecine n'est rien en comparaison des eaux minérales pour quiconque
sait les employer à propos. Il me dit, de plus, qu'aux bains d'Aqui les logements étaient très-bons, et qu'on y était commodément et à son aise. » Le
conseil était excellent. En effet, les eaux d'Aqui ou de Casciana, sont des eaux
salines thermales, très-appropriées au traitement de la gravelle ; de plus, leur
action fortifiante convenait tout particulièrement à la constitution appauvrie de
Montaigne. Cependant il n'en fit pas usage. Il poussa même l'esprit de con-
tradiction jusqu'à se rendre aux bains de Pise, dont précisément Cornachine
venait de lui parler en termes fort peu engageants.

BAINS DE PISE. — « Le 27 juillet, dit-il, nous partîmes de bonne heure et
fûmes longtemps à traverser la plaine où nous rencontrâmes, au pied d'un
monticule, ce qu'on nomme les *bains de Pise*. Il y en a plusieurs, avec une
inscription en marbre que je ne pus pas bien lire ; ce sont des vers latins
rimés qui font foi de la vertu des eaux. Le plus grand et le plus honnête de
ces bains est carré ; ses escaliers sont de marbre. Il a trente pas de longueur
de chaque côté, et l'on voit dans un coin la source de la fontaine. J'en bus

---

(1) Cette affectation de parler sans cesse de ses liaisons avec les comédiennes et les courtisanes semble attester de la part de Montaigne une assez
grande facilité de mœurs. Cependant il dit dans ses ESSAIS : « Tout licencieux
qu'on me tienne, j'ai en vérité plus sévèrement observé les loix du mariage.
que je n'avais promis ny espéré. »

pour pouvoir en juger, je le trouvai sans goût et sans aucune odeur. Je sentais seulement un peu d'âcreté sur la langue ; la chaleur en était fort médiocre, et elle était aisée à boire. Ce bain est découvert. C'est le seul qui porte quelque marque d'antiquité ; aussi l'appelle-t-on le *bain de Néron*. On tient communément que cet empereur fit conduire l'eau de la source jusque dans son palais de Pise par le moyen de plusieurs aqueducs. Ce lieu-ci est désert et les logements y sont mauvais. Les eaux sont presque abandonnées et ceux qui en font quelque usage, partent le matin de Pise, qui n'en est qu'à quatre milles, et reviennent chez eux le même jour (1). Dès que j'eus grimpé sur la montagne qui domine les bains, nous jouîmes d'une des plus belles vues du monde, en considérant cette grande plaine, les îles, Livourne et Pise. Après l'avoir descendue, nous nous dirigeâmes vers Lucques. »

Montaigne n'en dit pas plus long. Il fit bien, du reste, de ne pas se fixer aux bains de Pise, car ces bains, tant par leur température et leur composition que par leur action thérapeutique, ont la plus complète analogie avec ceux de Lucques ; par conséquent, tout porte à croire qu'il n'en eût pas retiré de meilleurs résultats.

Voilà Montaigne de retour à Lucques. Pendant les deux mois que son absence avait duré, il s'était abstenu de toute espèce d'eau minérale, faute de trouver des sources qui lui inspirassent quelque confiance. Ce repos forcé, en faisant succéder le calme à un traitement irrationnel et tumultueux, lui fit beaucoup de bien « Je me sentais, dit-il, non-seulement en bonne santé, mais encore fort allègre de toute façon. » Que n'en resta-t-il donc là de ses tentatives thermales? Malheureusement, il crut devoir se prescrire une seconde cure et la diriger avec aussi peu de mesure et de méthode que la première. Nous ne le suivrons pas dans ces nouvelles extravagances de bains, de boisson et de douches, passant d'un essai à l'autre, quittant le lendemain ce qu'il avait entrepris la veille, et, comme toujours, se lamentant sur le peu de bien que lui font les eaux. C'est, sans contredit, la partie de son JOURNAL la plus mortellement ennuyeuse, aucun épisode ne venant y jeter un peu de variété ou d'entrain. Je ne trouve que l'incident suivant qui vaille la peine d'être relaté. « Comme je m'entretenais, dit-il, avec quelques gens du lieu, je demandai à un vieillard fort âgé s'ils usaient de nos bains ; il me répondit qu'il leur arrivait la même chose qu'à ceux qui, pour être trop voisins de Notre-Dame de Lorette, y vont rarement en pèlerinage ; qu'on ne voyait donc

---

(1) C'est encore ce qui se fait habituellement aujourd'hui, surtout depuis que le chemin de fer n'a mis ces bains, appelés plus ordinairement *bains de San-Juliano*, qu'à dix minutes de Pise. Quant à l'établissement thermal, il a bien changé depuis Montaigne, car c'est, sans contredit, un des plus beaux et des mieux organisés que j'aie vus en Italie.

guère opérer les bains qu'en faveur des étrangers et des personnes qui venaient de loin. Il ajouta qu'il s'apercevait avec chagrin, depuis quelques années, que ces bains étaient bien plus nuisibles que salutaires à ceux qui les prenaient; ce qui provenait de ce qu'autrefois il n'y avait pas dans le pays un seul apothicaire, et qu'on y voyait rarement des médecins, au lieu qu'à présent c'est tout le contraire. Aussi l'effet le plus évident qui s'ensuivait, c'est qu'à ces bains il mourait plus de monde qu'il n'en guérissait. » *Se non è vero, è bene trovato*, pourrions-nous dire à notre tour. Je soupçonne fort, en effet, ce vénérable et caustique vieillard de n'être autre que Montaigne lui-même, qui aura trouvé piquant de mettre dans la bouche d'une personne, intéressée par position à défendre les eaux, des attaques qui, venant de lui, auraient paru banales et usées.

Cependant, au bout de trois semaines de sa nouvelle cure, Montaigne se sentait tellement éprouvé par les eaux qu'il ne savait plus trop quoi faire ni que devenir, lorsque, le 7 septembre, il reçut des lettres de Bordeaux à la la date du 2 août (les communications, on le voit, n'étaient pas alors très-rapides), lettres par lesquelles on lui mandait qu'il venait d'être nommé maire de cette ville à l'unanimité. Cette nouvelle, en même temps qu'elle lui causa une joie extrême, coupa court à ses incertitudes; il fit immédiatement ses préparatifs de départ. Mais nous le connaissons maintenant assez pour prévoir qu'il ne dut pas quitter Lucques avant d'avoir étalé de nouveau son inévitable écusson. Il nous donne à cet égard des renseignements très-circonstanciés. « A Pise, dit-il, j'avais fait blasonner et dorer mes armes, avec de belles et vives couleurs, le tout pour un écu et demi de France; ensuite comme elles étaient peintes sur toiles, je les fis encadrer à Lucques et clouer avec beaucoup de soin au sommet de la chambre que j'habitais, sous cette condition, qu'elles étaient censées données à la chambre et non au capitaine Paolini, quoiqu'il fût le maître du logis, et qu'elles resteraient à cette chambre, quelque chose qui pût arriver dans la suite. Le capitaine me le promit et en fit serment. » Ceci est par trop fort. Comment! Voici un immeuble grevé à perpétuité d'une véritable servitude parce qu'il aura eu l'insigne, mais dangereux honneur d'abriter un homme tel que Montaigne! Et, si le propriétaire veut quelque jour s'en défaire, il devra, par suite des engagements les plus sacrés, stipuler dans le contrat de vente une clause toute spéciale relative à la conservation du cartel! J'ignore de quel côté vint l'oubli de la foi jurée. Ce que je puis dire seulement, c'est que les armes de Montaigne ne figurent aujourd'hui dans aucune maison de Lucques et qu'on a même perdu jusqu'au souvenir de l'habitation qu'il occupait.

Ce ne fut pas sans un vif regret que Montaigne prit définitivement congé de ces lieux où son caractère affable et enjoué lui avait créé de nombreuses amitiés. Parti de Lucques le 17 septembre, il rentra en France, à petites journées, par Milan, Turin, Suze et le Mont Cenis, traversa la Savoie et la

Bresse d'où il gagna Lyon « ville qui lui plut fort à voir : » c'est la seule mention qu'il lui consacre. De Lyon il se rendit à Limoges, en passant par Thiers et Clermont, puis enfin, le 30 novembre, il arrivait au château de Montaigne, point de départ et terme de son voyage.

. . . . . *Longæ finis chartæque viæque.*

Mon rôle aussi finit en même temps, car je m'étais simplement proposé de faire ressortir les diverses circonstances de son JOURNAL qui ont plus directement trait soit aux eaux minérales, soit à lui-même, dans la pensée que nous y trouverions à glaner quelques faits nouveaux ou du moins encore peu connus. Or, si je ne m'abuse, notre attente n'a point été trompée. En effet Montaigne nous en a dit assez pour nous initier aux coutumes balnéaires de son époque, dont les nôtres diffèrent essentiellement, tant au point de vue des pratiques que des doctrines. Il nous a montré de plus, mais ceci à son insu et un peu à ses dépens, que le choix d'une eau minérale est d'abord chose difficile, et qu'ensuite la direction du traitement ne saurait être confiée aux caprices et aux fantaisies de chaque baigneur. Quant à ce qui le touche lui personnellement, nous avons d'autant mieux appris à juger ses qualités et ses faiblesses, que, pendant les dix-sept mois que nous avons vécu de sa vie privée, il n'a eu rien de caché pour nous, pas une pensée, pas une parole, pas un acte. Quelque puériles que nous aient paru ses exhibitions d'armoiries et autres traits de vanité, il faut savoir gré à Montaigne de s'en être exprimé avec tant de franchise. On l'a dit avec raison : Il n'y a rien de plus brave après la bravoure que l'aveu de la poltronnerie.

C'est donc à tort que, par une préférence exclusive, on ne cite de Montaigne que ses ESSAIS et jamais son JOURNAL. Ces deux ouvrages ont chacun leur valeur propre ; je dirai même qu'ils se complètent et se rectifient l'un l'autre, en ce que, si le premier peint mieux le philosophe, le second fait mieux connaître l'homme.

FIN.

TABLE DES EAUX MINÉRALES

DONT IL EST PARLÉ DANS LE VOYAGE DE MONTAIGNE.

	Pages
Spa.	7
Plombières.	9
Bade (Argovie).	12
Sauerbrunn.	15
THERMES EUGANÉS.	17
Abano.	Ib.
San-Pietro.	18
Battaglia.	Ib.
Vignone.	22
Saint-Cassien.	Ib.
Montefiascone.	Ib.
Viterbe.	23
Tivoli.	27
Lucques.	29
Monte-Catini.	34
Aqui ou Casciana.	35
Pise.	Ib.

www.ingramcontent.com/pod-product-compliance
Lightning Source LLC
Chambersburg PA
CBHW061009050426
42453CB00009B/1340